普段使い〜ペアで〜晴れの日に

ビーズで作る おめかしアクセサリー

ちば のぶよ 著

Contents

ちょこっとおめかし

ガーランドモチーフのネックレスとイヤリング……P.4
ワンポイントが楽しいヘアゴム……P.6
小鳥と葉っぱのブローチ……P.7
オレンジとリンゴのブローチ……P.8
カラフルボールのブレスレットとリング……P.9
サクランボのネックレス……P.10
5色のビオラのブローチ……P.11

Part 2 晴れの日のおめかし

雪の結晶のおしゃれセット……P.12
流れ星のシンプルネックレス……P.14
アジサイのブローチとカタツムリ……P.15
サークルフラワーのお出かけセット……P.16
流れ星のピアスとリボンのイヤリング……P.18
ペイズリー形のパッチン留め……P.19

ペアでおめかし

色違いのイチゴのネックレス……… p.20
小鳥のふわふわイヤリング……… p.22
秋の実の仲よしブレスレット……… p.23
親子で楽しむクローバーのネックレス……… p.24
ブドウとマスカットのネックレス……… p.26
チョウチョのブローチとリング……… p.28
ターコイズブルーのバレッタ……… p.28

how to make ……… p.29
基本の材料と道具……… p.30
ガーランドモチーフ・シェイプドステッチの刺し方……… p.33
サークルフラワーモチーフの作り方……… p.41
クローバーモチーフの作り方……… p.45

Part 1 ちょこっとおめかし

お誕生日会やホームパーティ、お出かけなど、
ちょこっとおめかししたい普段使いに大活躍！
身近なモチーフを生かしたデザインがかわいい。

ガーランドモチーフの ネックレスとイヤリング

身につけると、揺れてガーランドのよう。
デリカビーズを使って、シェイプドステッチで作ります。
リボンとタッセルをアクセントにあしらって。
おそろいでイヤリングを作って、ペアで楽しみましょう。

how to make p.32-37

ワンポイントが楽しいヘアゴム

毎日使う、普段使いのヘアゴムも、ビーズで作ればグッと華やかに。
スワロフスキービーズと竹ビーズで刺しゅうして、星形と四角形に仕立てます。

how to make p.51-52

お花のヘアゴムは少し
ふっくらと立体的に刺
しゅうし、ミツバチを
ちょこんとのせて。

小鳥と葉っぱのブローチ

シードビーズ、スワロフスキー、チェコビーズで作った小鳥にはポンポンをプラス。
葉っぱにはテントウムシをのせて、ストーリー性をもたせました。
how to make p.53-54

オレンジとリンゴのブローチ

どちらもシードビーズで刺しゅうした輪切りの絵柄がかわいい。
リンゴは果汁のしずくをスワロフスキーのキラキラ感で表現して。
how to make p.55-56

カラフルボールの ブレスレットとリング

カラフルなボールとスマイルのチャームを交互につなげた
ブレスレットとリングのペア。
デリカビーズとアクリル玉で作る、初心者向きのデザインです。
how to make P.57

サクランボのネックレス

サクランボはスワロフスキービーズで実を、チェコビーズで葉っぱを作り、
小さなパーツをつなげたデザインチェーンにつけます。
how to make p.58

5色のビオラのブローチ

スワロフスキービーズをワイヤー編みして作るビオラ。
素材が放つキラキラ感と花編みの繊細なテクニックが魅力です。

how to make p.59-60

Part 2 晴れの日のおめかし

卒園卒業、入園入学からピアノやバレエの発表会、
結婚式まで、特別な日に身につけたい
ワンランク上のアクセサリーにぜひチャレンジを！

雪の結晶のおしゃれセット

大小の雪の結晶にライトブルーが華やかなカチューシャ。
スワロフスキービーズ、スワロフスキーパール、
ラインストーン、竹ビーズを効果的に使い分けます。
how to make p.61-64

カチューシャ

ネックレス

大きな雪の結晶の下で小さな雪の結晶が揺れるネックレスは2色使いがおしゃれ。襟元や帽子につけたいピンブローチは、チェーンにつながれた小さな雪の結晶がゆらゆら揺れるデザインに。
雪の結晶を引き立たせるブレスレットは、スワロフスキービーズ、スワロフスキーパール、竹ビーズを組み合わせて製作。

ピンブローチ

ブレスレット

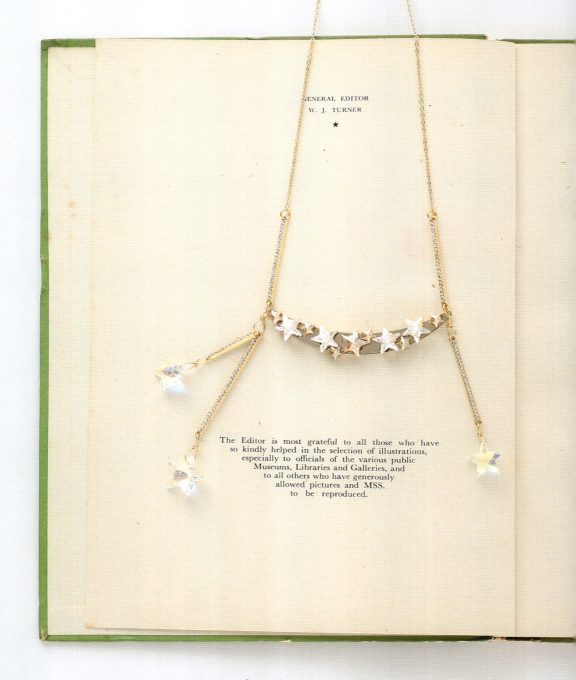

流れ星のシンプルネックレス

貼る、つなげるだけで簡単にでき上がるので、子どもと一緒に作りましょう。
星の形のスワロフスキーやメタルパーツなど、パーツにこだわったスタイリッシュな作品。
how to make p.64

アジサイのブローチとカタツムリ

3色のアジサイはお花の色と土台の色を変えて、それぞれがグラデーションになるように工夫。
花編みボールを応用したカタツムリもおそろいに。ビーズのサイズを変えて、親子にしました。

how to make p.65-66

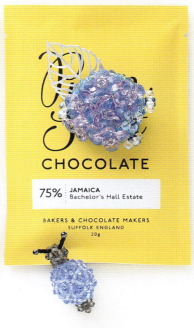

アジサイはスワロフスキービーズ
とガラスビーズで、カタツムリは
スワロフスキービーズで製作。

花モチーフ3個で作れるネックレス。どんな洋服とも合う
シンプルなデザインに、華奢なチェーンを組み合わせて。

花モチーフ2個でできる、シリーズの中で一番手軽な
ピアス。耳元でゆらゆら揺れるかわいいデザインです。

ピアス

ネックレス

バレッタ

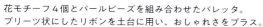

ミニバッグ

花モチーフ4個とパールビーズを組み合わせたバレッタ。
プリーツ状にしたリボンを土台に用い、おしゃれさをプラス。

キラキラビーズが輝いて、パーティに映えるミニバッグ。
持ち手もビーズで作って、エレガントにまとめました。

流れ星のピアスと
リボンのイヤリング

ピアスはモノトーンの竹ビーズ、
マットゴールドのコットンパールなどを用い、
大人っぽく仕上げました。
イヤリングもモノトーンでそろえて、
ママと子ども兼用に。

how to make p.67-68

ペイズリー形のパッチン留め

シルバーとゴールドの単色使いにし、
シンプルに大人っぽく仕上げて。
シードビーズ、竹ビーズ、メタルパーツ、ラインストーン
などを使ってビーズ刺しゅうを施せば完成です。
how to make p.69

Part 3 ペアでおめかし

親子で、さらに姉妹で楽しめるアクセサリー。
季節に合わせて、モチーフやアイテムをおそろいにして、
お出かけしましょう。一年中、活用できます。

ママ

色違いのイチゴのネックレス

ママは落ち着いたビンテージローズの1粒イチゴ、
子どもはビビッドカラーのかわいい2粒イチゴ。
どちらもスワロフスキービーズで作りました。
how to make p.70-72

子ども

小鳥のふわふわイヤリング

ふわふわのファーを巣に見立て、
キラキラのスワロフスキービーズの小鳥を
ちょこんとのせた、ユニークなデザイン。
秋冬のお出かけに、親子で楽しめるイヤリングです。
how to make p.73

作り方は簡単なので、色違いでたくさん作って、洋服とのコーディネートを楽しみましょう。金具を替えれば、ピアスになります。

ママ&子ども

秋の実の仲よしブレスレット

基本の花編みでボールを作って、秋の実のブレスレットにアレンジ。
ビーズを1、2個足してサイズを変えれば、ママ用も作れます。
スワロフスキービーズ、コットンパール、ドロップビーズを使用。

how to make p.74

姉妹

秋色でおそろいにしてもいいし、
姉妹で色違いにしてもかわいい。

子ども

親子で楽しむ
クローバーのネックレス

幸運のシンボル、テントウムシがついたクローバー。
子どもは鮮やかなグリーンの四つ葉にカラフルなチェーンを、
ママは彩度を抑えた色味の三つ葉に革ひもを合わせました。

how to make p.44-50

ブドウとマスカットのネックレス

微妙に違う同系色の花編みボールでブドウをおしゃれに表現。
メタルリーフのパーツと革ひもで、大人っぽく仕上げました。
子ども用はブドウをひと回り小さくし、色を変えてマスカットに。
葉っぱをゴールド、革ひもを茶色に変え、カジュアルにしました。

how to make p.75-76

ママ

子ども

チョウチョのブローチとリング

ママのブローチはビーズ刺しゅうにスワロフスキーの
ビジューがアクセントになった、大人かわいいデザイン。
子どものリングはブローチの色に合わせて、
スワロフスキービーズを編んで羽を作り、
触覚にはパールビーズを使用しました。

how to make p.77-78

リング部分のサイズは、
子どもの指に合わせて
調整してください。

ママ&子ども

ターコイズブルーのバレッタ

スワロフスキービーズとスワロフスキーパールを
交互に並べたシンプルなデザインなので、簡単に作れます。

how to make p.78

DRESSED UP ACCESSORIES

how to make

ママと一緒にビーズアクセサリーを作ってみましょう。
ビーズは主にトーホービーズや貴和製作所のものを使っています。
テグス&ワイヤーワークがメインですので、
p.33からの「ガーランドモチーフ・シェイプドステッチの刺し方」や、
p.41からの「サークルフラワーモチーフの作り方」、
p.45からの「クローバーモチーフの作り方」のプロセス解説を参考に、作ってみてください。
慣れてきたら、好きなカラーに変えてみるのもOK!

基本の材料と道具

ビーズ各種

1. **スワロフスキービーズ**
   輝きの美しいスワロフスキーのクリスタル。
2. **シードビーズ 丸大**
   外径約3mm、長さ約2.0mm。
3. **シードビーズ 丸小**
   外径約2mm、長さ約1.5mm。
4. **デリカビーズ**
   穴が大きく薄い筒状で、ビーズステッチに適しています。
5. **シードビーズ 特小**
   外径約1.5mm、長さ約1.0cm。
6. **メタルビーズ**
   金属でできているビーズ。
7. **アクリル玉**
   透明な玉の形のビーズ。
8. **スワロフスキーパール**
   スワロフスキーのパールビーズ。
9. **タッセル**
   タッセルの形のアクセサリーパーツ。
10. **スワロフスキー クリスタル ローズモンテ**
    台座つきのクリスタルビーズ。3mmと5mm。
11. **竹ビーズ**
    竹のような長いビーズ。長さはいろいろ。

基本の材料
本書で使ったビーズ類と、アクセサリー作りに必要な各種の金具類です。

アクセサリー金具

1. **9ピン**
   パーツとパーツをつなげるのに使います。
2. **Tピン**
   パーツを通してつなげます。
3. **丸カン**
   パーツ同士をつなぐ金具です。
4. **ピアス金具**
   カンつきのピアス金具。
5. **ピアス金具**
   フック式のピアス金具
6. **イヤリング金具**
   ネジバネ式カンつき。
7. **アジャスターと引き輪**
   留め金具です。長さの調節ができます。
8. **マンテル**
   留め金具です。輪にバーを通します。
9. **リング金具**
   カンつきの指輪。
10. **スカシパーツ**
    土台としてパーツを編みつけるのに使います。
11. **イヤリング金具**
    ネジバネ式丸皿つき。
12. **石座**
    穴のない石やビーズをはめます。
13. **ブローチピン**
    ブローチの裏側に縫いつけます。
14. **ヘアゴム**
    丸皿にアクセサリーを接着します。
15. **バレッタ**
    パーツを貼りつけたり、ビーズを編みつけます。
16. **チェーン**
    ネックレスやブレスレットに。

1 **平ヤットコ**
先が平たいヤットコ。丸カンなどの開閉に使用します。

2 **丸ヤットコ**
先が丸くなっているヤットコ。Tピンなどの先を丸めるのに適しています。

3 **ニッパー**
テグスやワイヤーなどをカットするのに使います。

4 **メジャー**
ワイヤーやチェーンの長さを測ります。

5 **はさみ**
糸などを切る手芸用のはさみを用意します。

6 **接着剤**
多用途で、硬化が早いものがおすすめ。

7 **ビーズ針**
ビーズに糸などを通すときに使用します。

8 **三角トレイ**
作業中にビーズなどを入れておくのに便利です。

9 **定規**
チェーンなどの長さを測ります。

基本の道具
ビーズアクセサリーを作るのに欠かせない基本的な道具です。

テグス・ワイヤーほか

1 **ビーズステッチ糸**
ビーズステッチのための糸。

2 **テグス**
張りがあるので針を使わずにビーズを通すことができます。

3 **ワイヤー**
テグスよりも張りがあり丈夫です。

4 **フェルトまたはウルトラスエード**
ブローチの裏に貼り、土台に使用します。

ガーランドモチーフのネックレスとイヤリング　photo P.4

ネックレス

材料

- スワロフスキーパール　#5810 クリスタルクリーム 3㎜／13個　#5810 8㎜／4個
- デリカビーズ　DB53／77個　DB918／77個　DB74／77個　DB235／77個　DB1784／77個
- リボン　ライトグリーン／15cm×2
- 9ピン　ゴールド／2本
- 丸カン　ゴールド／12個　チェーン ゴールド／16cm×2
- アジャスター　ゴールド／1本　カニカン　ゴールド／1個　カツラ　ゴールド内径2.3㎜／4個
- アーティスティックワイヤー／8cm×4
- 糸　青・赤・緑・ピンク
- ビーズ刺しゅう糸／100cm×5
- ビーズ刺しゅう針

作り方

1. タッセルを作ります（市販のタッセルでも大丈夫です）。
   幅2.5cmほどの厚紙に、青色の糸を30回くらい巻きつけます。中央をしばり、半分に折ってカツラに入れて接着します（図A、図B、図C）。
   両端に3㎜パールを入れて、アーティスティックワイヤーでめがね留めします（図D）。
   タッセルは全部で4つ、赤・緑・ピンクでも作ります。

2. シェイプドステッチで図Eのように作ります（詳しい作り方はP.33～36参照）（図E）。両端に丸カンをつけます。
   全部で5つ（黄色・緑・青・オレンジ・ピンクで）作ります。糸は処理します。

3. 9ピンに8㎜クリスタルクリームを通し、リボンを結び、もうひとつ8㎜クリスタルクリームを通し、先を丸めます。同じものをもうひとつ作ります（図F）。

4. 図Gのようにつなげます。

タッセルの作り方

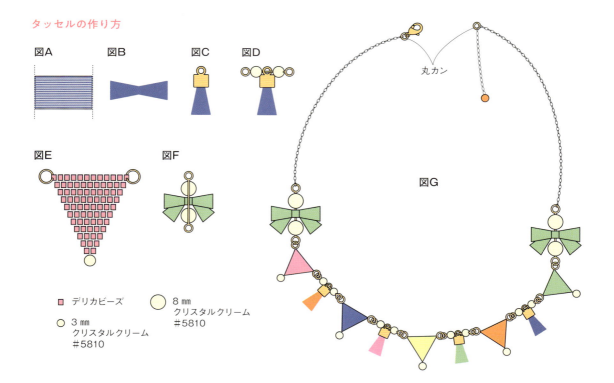

ガーランドモチーフ
シェイプドステッチの刺し方

※見やすいように緑色の糸を使っています。

1. ストッパーの ビーズを通す

2. 1段目のラダーステッチ

ストッパー用のビーズ(あとではずす)を通し、端から20cmのところで糸を1回まわして通します。

①ビーズを2個通します。

②1個目のビーズに、下から上へ糸を通します。

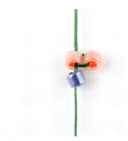

③糸を引きます。

④2個目のビーズに、上から下へ糸を通します。

⑤糸を引きます。

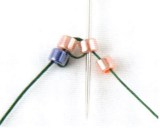

⑥ビーズを1個通します。

⑦2個目のビーズに、上から下へ糸を通します。

⑧糸を引きます。

> POINT!
> このようにビーズが横に並ぶように糸を通してとめていくステッチをラダーステッチといいます。

⑨3個目のビーズに、下から上へ糸を通します。

⑩①～⑨をくり返して、12個のビーズを通します。

⑪天地をひっくり返します。

3. ストッパービーズをはずす

ストッパーのビーズをはずします。

4. 2段目を作る

①ビーズを2個通します。

②1段目の右端から2個目と3個目のビーズにかかっている糸を拾います。

③糸を引きます。

④2段目の2個目のビーズに、下から上へ糸を通します。

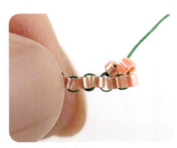

⑤糸を引きます。

ガーランドモチーフ
シェイプドステッチの刺し方

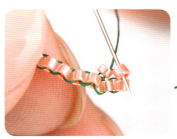
⑥2段目の1個目のビーズに、上から下へ糸を通します。

⑦糸を引きます。

⑧2段目の2個目のビーズに、下から上へ糸を通します。

⑨糸を引きます。

⑩ビーズを1個通します。

⑪1段目の3個目と4個目のビーズにかかっている糸を拾います。

⑫糸を引いたら、2段目の3個目のビーズに下から上へ糸を通します。

⑬糸を引きます。2段目に3個のビーズが並びました。

⑭同様にして2段目に11個のビーズを通します。

ガーランドモチーフ
シェイプドステッチの刺し方

5. 10段目まで作る

①2段目と同様にして、3段目に10個のビーズを通します。

②4段目は9個、5段目は8個、6段目は7個、7段目は6個、8段目は5個、9段目は4個、10段目は3個のビーズを通します。

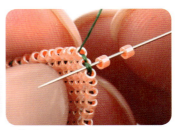
③ビーズを2個通し、渡っている端の糸に、後ろから手前に糸を通します。

④糸を引きます。

⑤右端のビーズに、下から上へ糸を通します。

⑥糸を引きます。

6. 先端のパールを通す

①パールビーズを1個通します。

②左端のビーズに、上から下へ糸を通します。

③右端のビーズに、下から上へ糸を通します。

POINT!
こうすると最後のビーズ2個が平らに並びます。

④パールビーズに糸を通します。

⑤下のビーズに糸を通します。

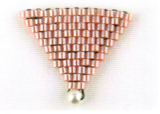
⑥糸を始末して完成。

ガーランドモチーフのネックレスとイヤリング photo P.4

イヤリング

材料
- スワロフスキーパール　#5810　3mmクリスタルクリーム／6個　8mmピーチ／2個
- 丸小ビーズ　オレンジTOHO 904／44個
- デリカビーズ　DB53／30個　DB74／30個　DB918／30個
- イヤリング金具　ネジバネ石つき　ゴールド／1セット
- アーティスティックワイヤー／80cm×2
- 9ピン　ゴールド／2本
- ビーズ刺しゅう糸／40cm×6
- ビーズ刺しゅう針

作り方
1 シェイプドステッチで図A～Cを2個ずつ作ります。糸は処理します。
2 図Dのようにワイヤーでパーツをつなげます。上はめがね留めで輪にします。
　9ピンにパールを通し先を丸めたものを、イヤリングパーツに取りつけます。
　完成!!

図D

サークルフラワーのお出かけセット

photo p.16

リボンカチューシャ

材料（1個分）
- スワロフスキーエレメント　#5328　3mmホワイトオパールゴールデンシャドウ／144個
- スワロフスキーパール　#5810　クリスタルクリーム　6mm／12個　4mm／22個
- 丸小ビーズ　クリームTOHO 123／約736個
- ウルトラスエードまたはフェルト　アイボリー3cm×25cm／2枚
- シルクリボン(幅1cm)／143cm
- 針　糸

作り方
1. 基本のサークルモチーフを12個作ります(p.41〜43参照)。間に4mmパール2個を挟みながら、図Aのように表布に縫いつけます(赤線のビーズもすべて縫いつけます)。
2. もう1枚の布も同様にカットします。間にリボンを挟み、接着します。周りをかがりながら2枚をくっつけます。(パターンA:p.50参照)

ネックレス

材料（1個分）
- スワロフスキーエレメント　#5328　3mmホワイトオパールゴールデンシャドウ／36個
- スワロフスキーパール　#5810　6mmクリーム／3個
- 丸小ビーズ　クリームTOHO 123／108個
- 丸カン　ゴールド／4個　チェーン　ゴールド／29cm×2
- 板ダルマ　ゴールド／1個
- カニカン　ゴールド／1個

作り方
基本のサークルモチーフを3個作ります。図Aのようにつなげます。丸カンも取りつけます。

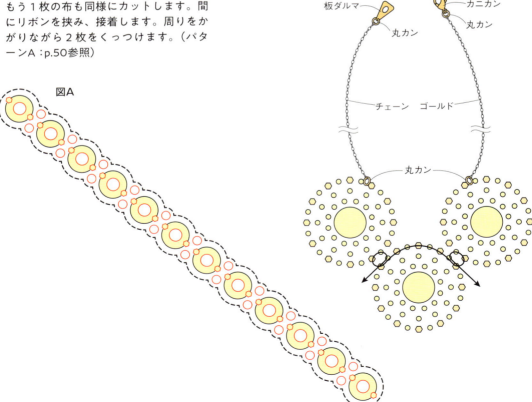

図A

ピアス＆イヤリング

材料（イヤリングまたはピアス1組分）
- スワロフスキーエレメント　#5328　3mmホワイトオパールゴールデンシャドウ／24個
- スワロフスキーパール　#5810　6mmクリスタルクリーム／2個
- 丸小ビーズ　クリームTOHO 123／72個
- 丸カン　ゴールド／4個　チェーン　ゴールド／約5cm×2
- イヤリング金具またはピアス金具　ゴールド／1セット

作り方
基本のサークルモチーフを2個作ります（p.41〜43参照）。チェーン40目分（5cm）を2本切り分け、図Aのように取りつけます。同じものをもうひとつ作ります（ピアスも同様に）。

バレッタ

材料（1個分）
- スワロフスキーエレメント　#5328　3mmホワイトオパールゴールデンシャドウ／48個
- スワロフスキーパール　#5810　クリーム　6mm／4個　4mm／6個
- 丸小ビーズ　クリームTOHO 123／144
- バレッタ金具　ゴールド80mm／1個
- ウルトラスエードまたはフェルト　アイボリー1cm×8cm／2枚
- グログランリボン／20cm
- テグス　50cm×4
- 針　糸　●接着剤

作り方
1 基本のサークルモチーフを4個作ります（P.41〜43参照）。図Aのように表布に縫いつけます。ビーズもすべて縫いつけます。
2 図Bのようにグログランリボンをプリーツにして全部で8cmの長さになるようにします。
3 図Cのように上と中央を縫いつけます。リボンの端はほつれないようにボンドを塗ります。
4 3で作ったプリーツをまず下の布に接着し、乾いたら上の布も接着します。
5 バレッタの金具に布を接着し、横2か所を縫います。

図A

図A
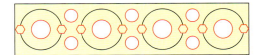

図B

図C

サークルフラワーのお出かけセット photo P.16

ミニバッグ

材料（ビーズ部分のみ）
- スワロフスキーエレメント　#5328　3mmホワイトオパールゴールデンシャドウ／924個
- スワロフスキーパール　#5810　クリスタルクリーム　6mm／42個　12mm／16個
- 竹ビーズ　2分　クリームTOHO 123／142個
- アクリル玉　8mm／14個
- 丸小ビーズ　クリームTOHO 123／約1512個
- 特小ビーズ　クリームTOHO 123／840個
- 潰し玉　ゴールド／2個　潰し玉カバー　ゴールド／2個
- 針　糸
- ナイロンコートワイヤー／40cm×2
- テグス／50cm×42／70cm×14／100cm×3

作り方
1. テグス70cmで図Aのように編みます。閉じる前にアクリル玉を入れ、アクリル玉の穴が★の位置になるようにします。
2. テグスを処理します。同じものを全部で14個作ります。基本のサークルモチーフを42個作ります（P.41～43参照）。図Bのようにテグスで竹ビーズを挟みながら、モチーフをつないでいきます。図Cのようになります。バッグのフロントに縫いつけます。
3. 持ち手を作ります。ナイロンコートワイヤー40cmで図Dのように持ち手を作ります。反対側も同様に全部で2本の持ち手を作ります。余分なワイヤーはカットします。

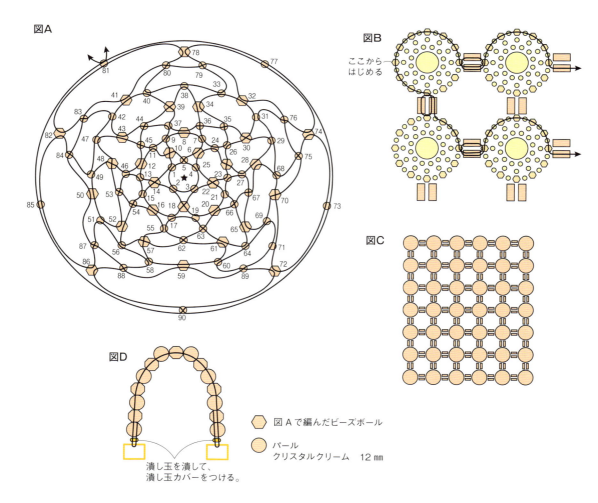

サークルフラワーモチーフの作り方

材料
- スワロフスキーパール　#5810　6mmクリスタルクリーム／1個
- スワロフスキークリスタル　#5328　3mmホワイトオパールゴールデンシャドウ／12個
- 丸小ビーズ　クリームTOHO 123／30個
- テグス　2号／50cm

※見やすいようにワイヤーを使っていますが、通常はテグスを使います。

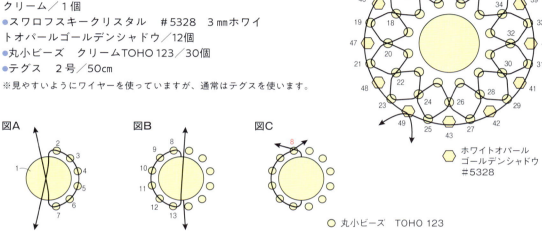

○ 丸小ビーズ　TOHO 123

1. 中心のパールを通す

①テグスを40cmほど用意し、中心のパールビーズを通します。

②パールビーズを真ん中に置きます。

2. 1周目を作る

①丸小ビーズを6個通します。

②右側のテグスを、パールの左側から通します。

③テグスを引きます（図A）。

④丸小ビーズを6個通します。

⑤②と同様に、右側のテグスをパールの左側から通します。

⑥テグスを引きます(図B)。

⑦右側のテグスを1個目のビーズに通します(図C)。

⑧テグスを引きます。

⑨左側のテグスを上のビーズ6個に通します。

⑩テグスを引きます。

3. 2周目を作る

①右側のテグスにビーズを3個通します。

②左側のテグスを先端のビーズに通し、交差させます。

③テグスを引きます。

④左側のテグスを1周目上側の5番目のビーズに通します。

⑤テグスを引きます。

⑥右側のテグスに2個のビーズを通します。

サークルフラワーモチーフの
作り方

⑦左のテグスを先端のビーズに通し、交差させます。

⑧テグスを引きます。

⑨右側のテグスを1周目上側の4番目のビーズに通します。

4. 2周目の編み終わり

⑩テグスを引きます。

⑪⑥から⑩を9回くり返します。

①右側のテグスを、1周目の最後と2周目の最初のビーズに通します。

②テグスを引きます。

③ビーズを1個通して、テグスを交差させます。

④テグスを引きます。

5. 3周目を作る

①右側のテグスにスワロフスキーを1個通します。

②すぐとなりのビーズにテグスを通します。

③1個ずつテグスを引きながら1周ぐるりと、①から⑤をくり返します。

親子で楽しむクローバーのネックレス photo p.24

材料
- スワロフスキーエレメント #5328 3mmライトシャム／22個 3mmジェット／15個
- スワロフスキーエレメント #5328 4mmエリナイト／89個
- 丸小ビーズ 緑TOHO 995／135個
- 特小ビーズ 黒TOHO 49／51個 赤TOHO 5C／15個
- 丸カン ゴールド／1個
- 平革ひも 茶／お好みの長さで
- テグス／100cm×1
- ワイヤー 34号ゴールド／100cm×3／60cm×1

作り方
1. ワイヤー100cmで図Aのように編みます(p.45~48参照)。
2. 図Bのように引き続き編みます。ワイヤーを処理します。同じものをあと2つ、全部で3つ作ります。
3. 新たなテグス100cmで図C～G(p.50参照)のようにテントウムシを作ります。テグスはまだ処理しません。
4. 102で交差しているテグスをクローバーに接続します。頭側のテグスを35におしり側のテグスを50に通し入れます。テグスを処理します。
5. 新たなワイヤー60cmで図Hのように3枚の葉っぱをつなげます。ワイヤーは周囲のビーズにもう一度通し入れて余分をカットします。一番上の葉っぱに丸カンを通し(図Aの★のところ)、革ひもをお好きな長さで通し入れます。

図A

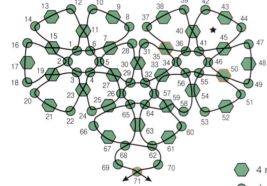

◇ 4mm エリナイト #5328
○ 丸小ビーズ TOHO 995

図B

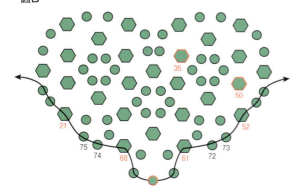

図H

クローバーモチーフの作り方

1. 左上部分を作る

①ワイヤーを80cm用意し、丸小ビーズを6個通します。

②もう一方のワイヤーを先のビーズに通し、交差させます。

③ビーズをワイヤーの中央にさせて、ワイヤーを引きます。

④右側のワイヤーに、スワロフスキーの4mm・丸小・4mm・丸小・4mmの順に通します。

⑤先端の4mmでワイヤーを交差させます。

⑥ワイヤーを引きます。

⑦左側のワイヤーで、すぐとなりの丸小ビーズを拾います。

⑧ワイヤーを引きます。

⑨右側のワイヤーに、丸小・4mm・丸小・4mmを通します。

⑩先の4mmでワイヤーを交差させます。

⑪ワイヤーを引きます。

⑫左側のワイヤーで、すぐとなりの丸小ビーズを拾います。

⑬ワイヤーを引きます。

⑭⑨〜⑬を2回くり返します。

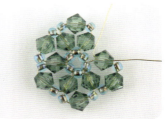

⑮丸小・4mm・丸小・4mmを通してワイヤーを引きます。

⑯編み終わりは、丸小と4mmを拾います。

⑰ワイヤーを引きます。

⑱左右のワイヤーに丸小を通します。

2. 右上部分を作る

⑲4mmでワイヤーを交差させます。

⑳ワイヤーを引きます。これで左上部分ができ上がりました。

①向きを少し回転させておきます。

②左側のワイヤーに丸小を1個通します。

③右側のワイヤーに丸小・4mm・丸小・4mmを通します。

④4mmでワイヤーを交差させ、ワイヤーを引きます。

クローバーモチーフの作り方

⑤右側のワイヤーに丸小を1個通して、左側のワイヤーに丸小・4mm・丸小・4mmを通して、4mmでワイヤーを交差させ、引きます。

⑥同様に、右側のワイヤーに丸小を1個通して、左側のワイヤーに丸小・4mm・丸小・4mmを通して、4mmでワイヤーを交差させ、引きます。

⑦同様に、右側のワイヤーに丸小を1個通して、左側のワイヤーに丸小・4mm・丸小・4mmを通して、4mmでワイヤーを交差させ、引きます。

⑧左側のワイヤーに、丸小・4mm・丸小・4mm・丸小を通します。

⑨最後の丸小のところでワイヤーを交差させ、引きます。

⑩左側のワイヤーを、まん中の丸小ビーズ4個に通します。

⑪丸小ビーズ1個を通し、ワイヤーを交差させます。

⑫ワイヤーを引きます。

⑬左右のワイヤーそれぞれ、となりの4mmを拾います。

3. まん中部分を作る

⑭編み終わりは、右と左のワイヤーに丸小を1個ずつ通し、4mmで交差させます。

①右のワイヤーに丸小・4mm・丸小・4mm・丸小を通します。

②最後の丸小でワイヤーを交差させて引きます。

③上方向に出ているワイヤーで、まん中の丸小4個を拾います。

④丸小1個を通してワイヤーを交差させ、引きます。

⑤左右のワイヤーで、それぞれすぐとなりの4mmを拾います。

⑥左のワイヤーに、丸小・4mm・丸小を通します。

⑦⑥の最後の丸小で、ワイヤーを交差させます。

⑧右側のワイヤーで、となりの丸小を1個拾います。

⑨左右のワイヤーに丸小を1個ずつ通し、丸小1個でワイヤーを交差させます。

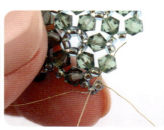
⑩右側のワイヤーをとなりの丸小・4mmに通します。

⑪丸小を2個通します。

⑫4mmに通してすき間を埋めます。

⑬左側も同様にします。

⑭ワイヤーを始末してハート形の完成。

クローバーのネックレス photo p.24

子ども

材料
- スワロフスキーエレメント　#5328　3mmファーングリーン／104個　3mmライトシャム／22個
- スワロフスキーエレメント　#5328　3mmジェット／15個　ペリドット／4個
- スワロフスキーエレメント　#5328　4mmファーングリーン／9個
- 特小ビーズ　ライトグリーンTOHO 7／188個　黒TOHO 49／51個　赤TOHO 5C／15個
- スワロフスキーパール　#5810　6mmクリスタルクリーム／7個
- チェコメロンビーズ　6mmエメラルドイエロー／7個
- アーティスティックワイヤー　ゴールド24号／5cm×14（切り分ける）
- アーティスティックワイヤー　ゴールド28号／50cm×1
- 引き輪　ゴールド／1個　アジャスター　ゴールド／1個　丸カン　ゴールド／4個
- チェーン　ゴールド／15cm×2／17cm×1
- テグス　100cm×1
- ワイヤー　34号ゴールド／100cm×4

作り方
1. ワイヤー100cmで図Aのように編みます。
2. 図Bのように引き続き編みます。ワイヤーを処理します。同じものをあと3つ、全部で4つ作ります。
3. テグス100cmで図C～G(p.50参照)のようにテントウムシを作ります。テグスは処理します。
4. アーティスティックワイヤー28号50cmで図Hのようにクローバーの葉っぱと茎、テントウムシをつなげます。余ったワイヤーはカットします。
5. 図Iのようにつなげます。図Aの★の穴にアーティスティックワイヤー24号5cmを通し、そこからめがね留めでパールビーズをつなぎます。もう片側も同様にします。

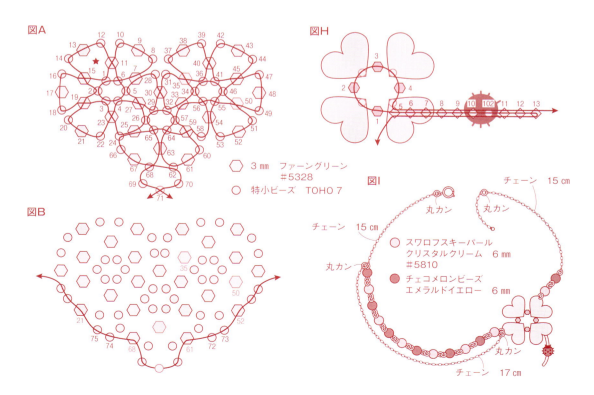

テントウムシの作り方

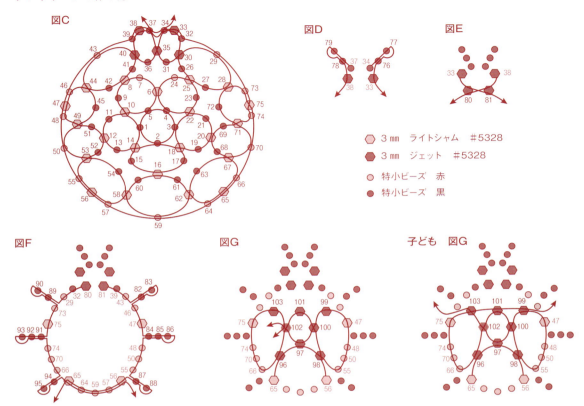

- 3mm ライトシャム #5328
- 3mm ジェット #5328
- 特小ビーズ 赤
- 特小ビーズ 黒

ビーズ刺しゅうの刺し方

本書で紹介している
ビーズ刺しゅう作品の基本の刺し方。

1 糸を1本どりして、2つに折り、玉結びをします。長さは100cmくらい。

2 フェルトの裏から針を出し、ビーズを2個または3個通しながら返し縫いで固定します。

A: 基本のふちかがり

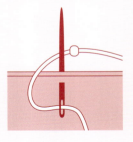

ビーズを通したら、手前から針を刺し、糸を向こう側にひっかけて抜きます。

B: ブリックステッチでふちかがり

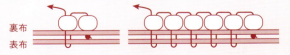

ビーズを倒して次のビーズに通し、表布へ針を通したら裏布のビーズへ戻り、次のビーズを通します。

ワンポイントが楽しいヘアゴム photo P.6

星形

材料
- スワロフスキーパール #5810 3mmクリスタルクリーム／40個 5mmライトグレー／1個 6mmイラデサントダークブルー／1個 8mmモーブ／1個
- スワロフスキークリスタル #5328 4mmアクアマリン／1個
- スワロフスキーパール #4470 6mmインディゴライト／1個 #1088 SS39クリスタルバターカップ／1
- スワロフスキーローズモンテ 4mmクリスタル／5個
- 竹ビーズ5分／10本
- 石座 #4470用 10mmゴールド／1個 #1088 SS39用ゴールド／1個
- ウルトラスエードまたはフェルト グレー／1枚
- ヘアゴム丸皿つき 黒ロジウム／1個
- 針 糸

作り方
1. ウルトラスエードまたはフェルトに星の形2つ書き写します(p.79参照)。(型:表紙①)
2. 図A〜図Cのように刺しゅうします。裏側に切り込みを入れます。
3. 裏側にゴムパーツをボンドで接着し、乾いたらもう片方を貼りつけ、ゴム部分を切り込みから出します。星形に切り出します。

四角形

材料
- スワロフスキーパール #5810 4mmクリスタルクリーム／1個
- 連爪チェーンクリスタル/G #110 6cm
- アクリル スクエア(無穴)ソフトグレー／2個 ネイビー／2個
- 特小ビーズ 金色TOHO 557／42個
- デリカビーズ DB906C 紫色／184個
- ウルトラスエード グレーまたはフェルト／1枚
- ヘアゴム丸皿つき 黒ロジウム／1個
- 針 糸

作り方
1. ウルトラスエードまたはフェルトに3.6cm四方の正方形を2つ写します(p.79参照)。(型:表紙②)
2. アクリルパーツ、3目×4にカットした連爪チェーン、パールビーズを図Aのように接着します。
3. 図Bのように周りにデリカビーズを縫いつけます(1列23個ずつ、全部で92個)。
4. 図Cのように2〜4段目を作ります(実際には図Eのように並びます)。糸始末をして、閉じる前にアクリルパーツのサイドに接着剤をつけ、布を切り出します。
5. 裏側にゴムパーツをボンドで接着し、乾いたらもう片方を貼りつけ、ゴム部分を切り込みから出します。四角形に切り出します。

図A

図B

図C

- ○ スワロフスキーローズモンテ
- ▬ 竹ビーズ 2分 TOHO 21
- ○ 5mm ライトグレー #5810
- ● 6mm イラデサントダークブルー #5810
- ○ 8mm モーブ #5810
- □ 4mm アクアマリン #5328
- ○ #1088 SS39 クリスタルバターカップ
- ● #4470 10mm インディゴライト
- ○ 3mm クリスタルクリーム #5810

図A

図B

- ■ デリカビーズ 紫 DB906C
- ○ 特小ビーズ 金色 TOHO 557

図C 図E
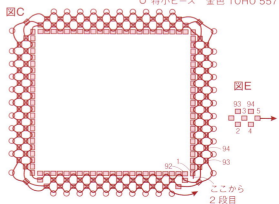

ここから2段目

お花のヘアゴム

材料
- スワロフスキーパール #5810 3mmクリスタルクリーム／60個
- スワロフスキークリスタル #5328 4mmライトトパーズ／25個
- スワロフスキークリスタル #6428 6mmクリスタルAB／2個
- 樹脂パール ツユ縦穴5×8mm／5個
- 丸小ビーズ 茶TOHO 941／64個 黄色TOHO 102／69個 黒TOHO 49／2個 白TOHO 122／168個
- 特小ビーズ 黒TOHO 49／8個
- ウルトラスエードまたはフェルト クリーム色／1枚
- 針 糸
- ヘアゴム丸皿つき 茶ゴールド／1個
- ワイヤー ゴールド 1m
- テグス 2号／50cm×2

作り方
1 ワイヤーで図Aのように編み、処理します。
2 テグス50cmで図B、Cのように編みます。テグスを処理します。
3 もう1本のテグスで図D、Eのように胴体を編みます。左右のテグスを39、40、41で交差させるように通し持ってきます。
4 図Fのように頭と胴体を接続します。左右のテグスを29で交差させた後、左右のテグスを42、43、44で交差させます。テグスを処理します。
5 1で作った花をスエードの上に置き、形を2つ写し(p.79参照)（型：表紙③）、1の花を片側に縫いつけます。
6 図Gのように花びらの内側に樹脂パールを縫いつけ、花びらのまわりに丸小白を縫いつけます。(14個×5使用) お花を切り出します。
7 もう片方のフェルトのお花の裏側に切り込みを入れ、ゴムパーツを貼りつけます。かがり縫いパターンAでかがります（丸小98個）。(p.50参照)

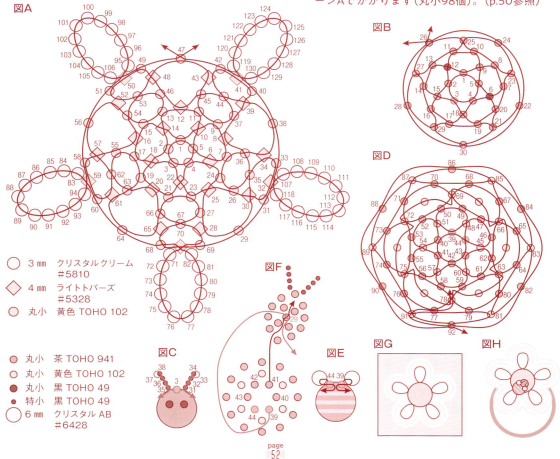

小鳥と葉っぱのブローチ photo p.7

小鳥

材料(入っているもの)
- スワロフスキーエレメント ＃5328 4mmイエローオパール／1個
- スワロフスキーパール ＃5810 3mmクリスタルクリーム／3個 4mmクリスタルクリーム／2個 ＃5810 5mmホワイト／1個
- スワロフスキーエレメント ＃4320 10mmクリスタルライラック／1個 ＃4470 10mmクリスタルライトコーラル／1個
- チェコ テーブルカットフラワー小イエロー/ブラウン／1個
- 丸小ビーズ 水色TOHO 920 白TOHO 122 オレンジTOHO 904 ブロンズTOHO 221 126個
- ウルトラスエードまたはフェルト 青色／1枚
- 石座 ＃4320・4470用ゴールド／各1個
- 針 糸
- 丸カン ゴールド／1個 Cカン ゴールド／4個
- チェーン ゴールド／2.5cm×1・4cm×1
- プラスチックビーズ 3mm黒／1個
- ブローチ金具回転ピン 35mmゴールド／1個
- 毛糸ポンポン オフ中／1個 イエロー中／1個

作り方
1. ウルトラスエードまたはフェルトに小鳥の形を2つ描き写します(p.79参照)。(型：表紙④)
2. 図Aのようにチェコフラワー、パール、石座にセットしたスワロフスキー、口ばしのスワロフスキーイエローオパール4mmを縫いつけます。
3. 図Bのように丸小(水色)で周りを刺しゅうします。
4. 図C、Dのように尾羽の部分を刺しゅうします。
5. 図Eのように刺しゅうします。切り出します。
6. 刺しゅう面を裏返し、図Fのように丸カンを縫いつけます。
7. もう片方のスエードにブローチ金具を縫いつけます。切り出した刺しゅう面を貼りつけ、下布も切り出します。
8. かがり縫いパターンA(p.50参照)でかがります(丸小ブロンズ約126個)。

葉っぱ

材料
- スワロフスキーエレメント ＃5328 3mmジェット／15個 ＃5328 ライトシャム／22個
- スワロフスキーローズモンテ 6mmクリスタル／1個 4mmクリスタル／1個
- 丸小ビーズ ブロンズTOHO 221／124個 緑TOHO 7／90個
- 丸小ビーズ 黄緑TOHO 4／約201個
- 特小ビーズ 黒TOHO 49／51個 赤TOHO 5C／15個
- ウルトラスエードまたはフエルト 緑／1枚
- 針 糸
- ブローチ金具回転ピン 35mmゴールド／1個

作り方
1. テグス100cmで図A〜Eのようにテントウムシを作ります。テグスは処理します。
2. ウルトラスエードまたはフェルトに葉っぱの形を2つ描き写します。(p.79参照)。(型：表紙⑤)
3. 1で作ったテントウムシを縫いつけます(足の部分を縫いつける)。
4. 丸小ブロンズで葉脈を図Gのように刺しゅう(約43個)した後、ローズモンテを縫いつけます。
5. 図Hのように丸小緑でぐるりと1周刺しゅうします(約90個)。
6. その後、丸小黄緑で中を刺しゅうで埋めます。切り出します。
7. もう片方のスエードにブローチ金具を縫いつけます。ひっくり返して、刺しゅう面をボンドで貼りつけ、乾いたら切り出します。
8. かがり縫いパターンA(p.50参照)でかがります(丸小ブロンズ約81個)。

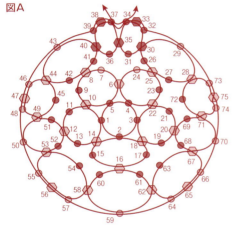

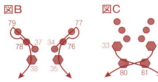

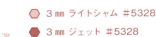

○ 3mm ライトシャム ＃5328
● 3mm ジェット ＃5328
○ 特小ビーズ 赤 TOHO 5C
● 特小ビーズ 黒 TOHO 49

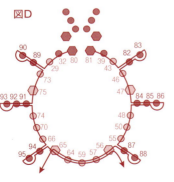

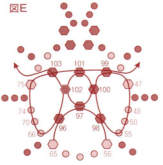

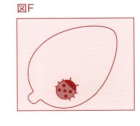

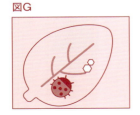

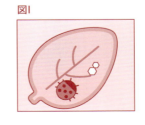

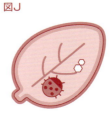

オレンジとリンゴのブローチ　photo p.8

オレンジ

材料（入っているもの）
- スワロフスキーパール　#5810　4mmクリスタルクリーム／1個
- チェコビーズ　シズクカットトパーズ7×5mm／8個
- 丸小ビーズ　オレンジマットTOHO 42D／約155個
- オレンジ　クリアTOHO 957／約128個　白TOHO 122／約136個
- ウルトラスエードまたはフェルト　クリーム色／1枚
- 針　糸
- ブローチ金具回転ピン　35mmゴールド／1個

作り方

1. ウルトラスエードまたはフェルトに直径4.2cmの円を2つ描きます(p.79参照)。(型：表紙⑥)片方の円に図Aのように線を引いておきます。
2. 図Bのように、糸100cm1本どりでオレンジのビーズをぐるりと1周刺しゅうします(ビーズ約80個)。
3. 図Cのように引き続き内側をぐるりと一周刺しゅうします(白約72個)。
4. 中央に4mmパール1個を刺し、あらかじめ描いておいた線に沿って、丸小ビーズ8個ずつを8か所刺します(図D)。
5. 図E、Fのように、中央のパールのそばから針を出し、丸小1個、チェコビーズ1個を刺します。同様に8か所すべて刺します。
6. オレンジの果肉の部分を埋めます。外側から丸小6個、5個、4個の順に刺します。同様に8か所すべて刺します。
7. もう片方の布にブローチ金具を縫いつけます。刺しゅう面にボンドをつけ、乾いたら切り出します。
8. かがり縫いパターンA(p.50参照)でかがります(ビーズ約751個)。

図A
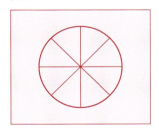

図B
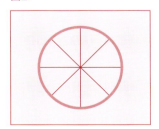

図C
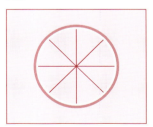

図D
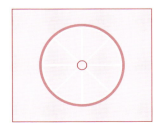

図E
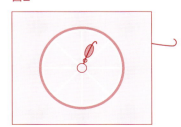

図F

🏷️ リンゴ

材料
- スワロフスキーパール　#5810　3mmクリスタルクリーム／3個　4mmクリスタルクリーム／3個　6mmクリスタルクリーム／2個
- スワロフスキークリスタル　#5328　4mmクリスタルAB／1個　5mmクリスタルAB／2個　#6010　13×6.5mmクリスタルAB／1個　#4228　10×5mmグラファイト／F／2個
- 石座　#4228用　10×5mm用ゴールド／2個
- 丸小ビーズ　赤TOHO 25／約212個　茶色TOHO 941／約27個　緑TOHO 36／約43個　クリームTOHO 122／1パック　ブロンズTOHO 221／126個
- ウルトラスエードまたはフェルト　クリーム色／1枚
- 針　糸
- アーティスティックワイヤー　ゴールド28号／40cm
- ブローチ金具回転ピン　46mmゴールド／1個

作り方
1. ウルトラスエードまたはフェルトにリンゴの形を2つ描きます（p.79参照）。（型：表紙⑦）
2. 赤の丸小を図Aのようにぐるりと一周刺しゅうします（約109個）。
3. もう1周ぐるりと刺しゅうします（約103個）。
4. 茎の部分を茶色の丸小で刺しゅうします（約27個）。
5. 葉っぱの部分を緑の丸小で刺しゅうします（約43個）。
6. 図Eのようにパールビーズやクリスタルを刺しゅうした後、残りを丸小クリームで1粒ずつ刺して埋めて行きます。刺し終えたらはさみで切り出します。
7. しずく形スワロフキーにアーティスティックワイヤー10cmを通し入れ、8の字型に曲げた後、2、3回巻きつけて余分をカットします。それを丸カンにつけ、刺しゅうしたリンゴの裏側に縫いつけます。
8. もう片方のスエードにブローチ金具を縫いつけ、刺しゅう面を接着し、切り出します。
9. かがり縫いパターンA（p.50参照）でかがります（丸小ブロンズ約126個）。

図A

図B

図C

図D

図E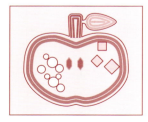

図F

5〜6回縫いつける

図G

カラフルボールのブレスレットとリング photo p.9

リング

材料
- デリカビーズ　黄色(DB53)／32個　ピンク(DB74)／32個　緑(DB918)／32個　オレンジ(DB235)／56個
- アクリル玉　6mm／1個　8mm／1個
- Tピン　ゴールド／2本
- リング台カンつき2　ゴールド／1個
- ワイヤー　34号ゴールド／60cm×2

作り方
1. 小さいボールを作ります。ワイヤー60cmをアクリル玉6mmに通します。ワイヤーにデリカビーズオレンジ7個を通し、ワイヤーをアクリル玉に戻し入れます(図A)。これをあと7回くり返します(全部で8回)。ワイヤーを処理してTピンを通し先を丸めます(図B)。
2. 大きいボールを作ります。ワイヤー60cmをアクリル玉8mmに通します。ワイヤーにデリカビーズピンクを8個通し、ワイヤーをアクリル玉に戻し入れます(図C)。これをあと3回くり返します。その後、同様に黄色で4回、緑で4回作ります。ワイヤーを処理してTピンを通し、先を丸めます(図D)。上から見ると図Eのようになります。
3. 大小のボールをリングパーツにつなぎます(図F)。

ブレスレット

材料
- デリカビーズ　黄色(DB53)／96個　ピンク(DB74)／96個　緑(DB918)／96個　オレンジ(DB235)168個
- アクリル玉　6mm／3個　8mm／3個
- Tピン　ゴールド／6本
- チェーン　ゴールドL&S112BF／15cm
- 丸カン　ゴールド／4個
- マンテル　ゴールド／1セット
- チャーム　イニシャルプレートスマイル　イエロー／G／1個　ブルー／G／1個
- ワイヤー　34号ゴールド／60cm×6

作り方
1. ボールリングの1の工程を参照し、小さなオレンジのボールを3個、2の工程を参照し、大きな3色のボールを3個作ります。図Aのように各パーツをつなげます。

リング

図A　図B

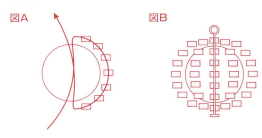

図C　図D　図E　図F

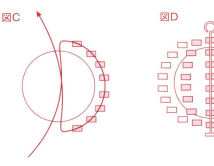
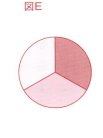

ブレスレット
図A

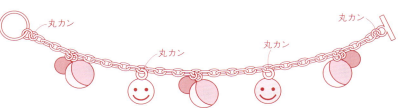

サクランボのネックレス photo p.10

材料
- スワロフスキーエレメント　#5328　3mmライトシャム／60個　#5810　6mmパール クリスタルクリーム／3個
- アクリル玉　8mm／2
- チェコタガービーズ　緑／1個
- 丸小ビーズ　緑TOHO 7B／22個
- 特小ビーズ　赤TOHO 5C／120個
- チェーン　ゴールド／18.5cm×2　エポつきイエローマルチG／7cm×2
- アジャスター　ゴールド／1個　カニカン　ゴールド／1個　丸カン　ゴールド／2個
- 9ピン　ゴールド／3本
- テグス／70cm×2　●アーティスティックワイヤー 28号ゴールド／10cm×2

作り方
1. テグス70cmで図Aのように編みます。閉じる前に図Bを入れ、ワイヤーの先を★の穴から出しておきます。テグスを処理します。同じものを2つ作ります。
2. 図Cのようにビーズをそれぞれ通します。タガービーズを接着剤で固定します。接着剤が乾いたら、左のワイヤーを軸にして右のワイヤーを巻きつけ、上を丸くし余ったワイヤーはカットして処理します。
3. 9ピンにパール1個を通して、先を約8mm残してカットして丸めた図Dのパーツを3個作ります。
4. 図Eのようにつなぎます。

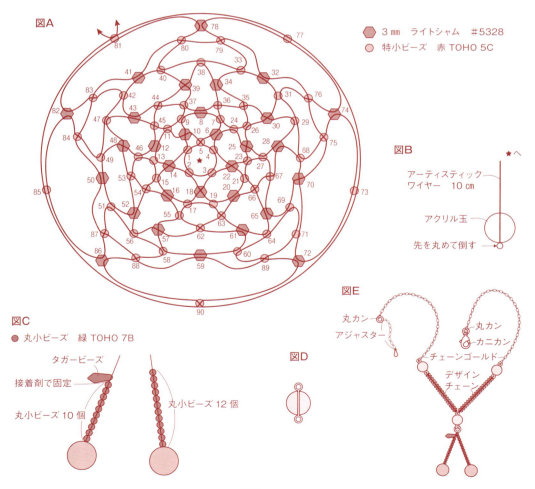

5色のビオラのブローチ photo p.11

材料
- スワロフスキーエレメント　#5328　3mmシトリン／54個　4mmアメジスト／28個　5mmトパーズ／1個
- 丸小ビーズ　紫TOHO 115／50個　緑TOHO 7B／55個
- 特小ビーズ　紫TOHO 115／6個　黄色TOHO 102／92個　茶色TOHO 941／38個
- ブローチ金具／1個
- ワイヤー　34号ゴールド／20cm×2／40cm×6／60cm×1／100cm×1

※色違いの作品のブルー、紫、オレンジ、ピンクは、スワロフスキーエレメントをサファイア、ヒヤシンスまたはサン、ローズなどに変えて作ってみてください。

作り方

1 ワイヤー100cmで図A、図Bのように編みます。ワイヤーはまだ処理しません。
2 ワイヤー40cmで図C、図Dのように編みます。ワイヤーは処理します。同じものを2枚ずつ作ります。
3 ワイヤー40cmで図Eのように編みます。ワイヤーはまだ処理しません。
4 ワイヤー60cmで図F、図Gのようにがくを編みます。ワイヤーはまだ処理しません。
5 図Hのように5枚をくっつけます。ワイヤーを処理します。
6 裏返して、新たなワイヤー20cmで図Iのように固定します。ワイヤーを処理します。
7 再び表を向けて、図Jのように模様をつけながら固定します。
8 裏返して図Kのようにがくを取りつけます。ワイヤーを処理します。
9 新たなワイヤー20cmの中央にトパーズを入れ、2、3回ねじって図Fの★の穴に通した後、図Mのようにがくの部分の丸小に通し入れます。ワイヤーを処理します。
10 ブローチ金具は、新たなワイヤー40cmを図Nのようにビーズに通し入れます。図Oのように固定し、ワイヤーを処理します。

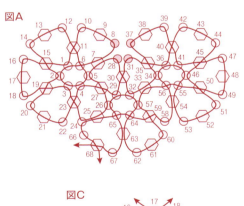

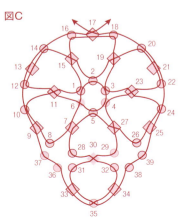

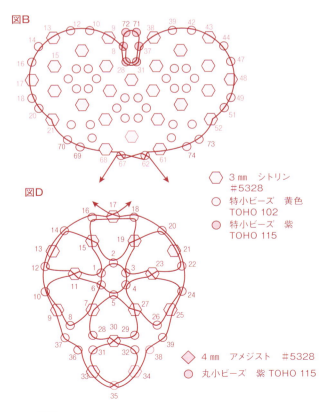

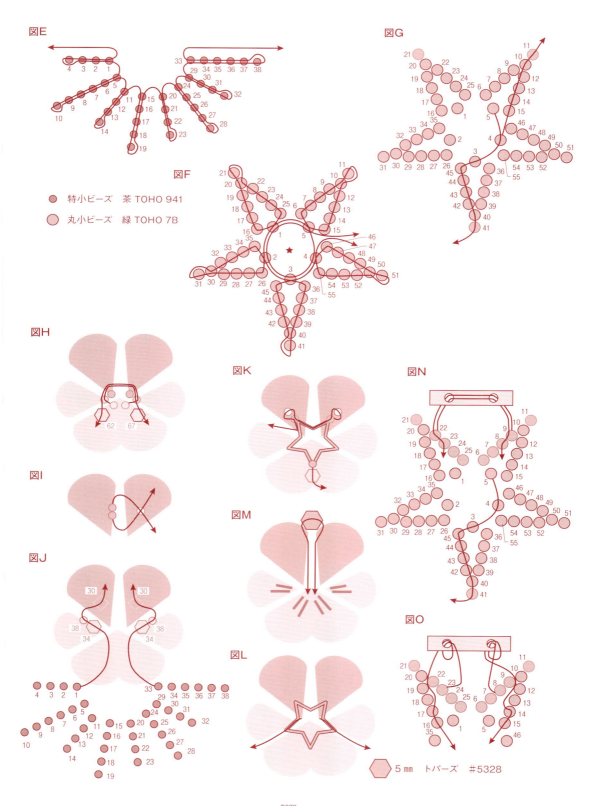

雪の結晶のおしゃれセット photo P.12

カチューシャ

材料

- スワロフスキーエレメント　#5328　3mmクリスタル／12個　#5328　4mmホワイトオパール／18個　#5328　5mmクリスタルAB 6個　#5810　5mmクリスタルAB／6個
- スワロフスキーパール　#5810　3mmライトブルー／6個　6mmライトブルー／6個
- 丸小ビーズ　銀色TOHO 21／24個
- 特小ビーズ　銀色TOHO 21／48個
- 竹ビーズ　1分銀色TOHO 21／18個　2分／18個
- スワロフスキーローズモンテ　サファイア3mm／12個
- カチューシャ　ゴールド／1個　リボン水色／100cm
- テグス／60cm×2
- ワイヤー　34号シルバー／50cm×2／80cm×1
- 接着剤　両面テープ

作り方

1 テグス60cmで図Aのように編みます。テグスをいったん処理します。
2 ワイヤー50cmを図Bのように通し入れ、図Cのように飾りを編み、ぐるりと1周編みます。図Dのようにワイヤーをカットして処理します。
3 テグス60cmで図Eのように編みます。テグスをいったん処理します。
4 ワイヤー50cmを図Fのように通し入れ、図Gのように飾りを編み、ぐるりと1周編みます。図Dと同様にワイヤーをカットして処理します。
5 カチューシャの表裏両方に両面テープを貼り、リボンを巻きつけ、余分はカットします。
6 カチューシャの端は、リボンを短く切って両面テープで貼りカバーします。
7 新たなワイヤー80cmで図Hのようにモチーフをカチューシャ本体に取りつけます。ワイヤーは2回ずつ通します。ワイヤーを処理します。

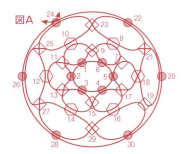

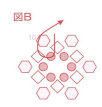

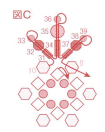

- ○ 丸小ビーズ　銀色 TOHO 21
- ◇ 4mm　ホワイトオパール　#5328
- ⬡ 5mm　クリスタルAB　#5328
- ▭ 竹ビーズ　2分 TOHO 21
- ▪ 竹ビーズ　1分 TOHO 21
- ● スワロフスキー　ローズモンテ　サファイア　3mm
- • 特小ビーズ　銀色 TOHO 21
- ○ スワロフスキーパール　ライトブルー　#5810
- ○ 3mm　クリスタル　#5328

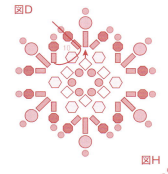

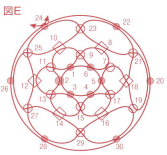

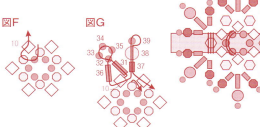

ネックレス

材料

- スワロフスキーエレメント #5328 3mmクリスタル／24個 4mmホワイトオパール／24個 5mmクリスタルAB／6個
- スワロフスキーパール #5810 3mmライトブルー／12個 6mmライトブルー／6個 6mmクリスタルクリーム／10個
- スワロフスキーエレメント #5000 6mmアクアマリン／9個
- 丸小ビーズ 銀色TOHO 21／462個
- 特小ビーズ 銀色TOHO 21／84個
- 竹ビーズ 1分銀色TOHO 21／24個 2分／30個
- スワロフスキーローズモンテ 3mmサファイア／12個
- 潰し玉 シルバー／2個 潰し玉カバー 3mm／2個
- テグス／60cm×4 ナイロンコートワイヤー／90cm ワイヤー 34号シルバー／50cm×3

作り方

1. テグス60cmで図Aのように編み、テグスをいったん処理します。
2. ワイヤー50cmを図Bのように通し入れ、図Cのように飾りを編み、ぐるりと1周編みます。図Dのようにワイヤーをカットして処理します。
3. テグス60cmで図Eのように編み、テグスをいったん処理します。
4. ワイヤー50cmを図Fのように通し入れ、図Gのように飾りを編み、図Hのようにぐるりと1周編みます。ワイヤーをカットして処理します。もうひとつ作ります。
5. 新たなテグス60cmで図Iのように図Dの裏側にループを作ります。テグスは処理します。
6. ナイロンコートワイヤー90cmの先端を図Jのように図Hモチーフに通し、片方を5cmくらい残して潰し玉に2本一緒に通し潰します。潰し玉の上にカバーを取りつけます。図Kのようにビーズを通します。

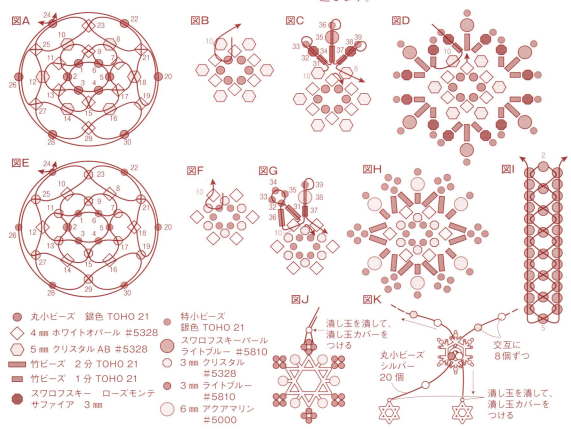

ピンブローチ

材料
- スワロフスキーエレメント　#5328　3mmクリスタル／18個　4mmホワイトオパール／18個　5mmクリスタルAB／6個
- スワロフスキーパール　#5810　3mmクリスタルクリーム／18個
- 丸小ビーズ　金色TOHO 557／6個　銀色TOHO 21／12個
- 特小ビーズ　銀色TOHO 21／42個
- 竹ビーズ　1分銀色TOHO 21／30個　2分／6個
- スワロフスキーローズモンテ　6mm／6個　ピンブローチ金具／1個
- チェーン／1本
- テグス／60cm×2　ワイヤー　34号ゴールド／50cm×1／30cm×2　シルバー／50cm×1
- 接着剤

作り方
1. テグス60cmで図Aのように編みます。テグスをいったん処理します。
2. ワイヤー50cmを図Bのように通し入れ、図Cのように飾りを編み、ぐるりと1周編みます（図D）。ワイヤーをカットして処理します。
3. テグス60cmで図Eのように編みます。テグスをいったん処理します。
4. ワイヤー50cmを図Fのように通し入れ、図Gのように飾りを編み、途中33のビーズを通した後、チェーンを通し入れます。ぐるりと1周図Hのように編みます。ワイヤーをカットして処理します。
5. ワイヤー30cmを図Iのように通し入れ、太線で描かれているワイヤーを図Jのaの穴に、点線で描かれているワイヤーを図Jのbの穴に通します。
6. 図Jの「あ」から出ているワイヤーをもう一度「あ」の穴に戻します。その時図Gでつけたチェーンの端を取りつけ、4本のワイヤーを裏でねじり、先をカットして接着剤をつけます。ピンの四隅の爪を倒します。

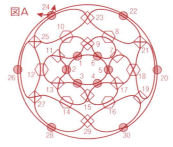

○ 丸小ビーズ　銀色 TOHO 21
◇ 4mm ホワイトオパール　#5328
⬡ 5mm クリスタル AB　#5328
▭ 竹ビーズ　2分 TOHO 21
▫ 竹ビーズ　1分 TOHO 21
• 特小ビーズ　銀色 TOHO 21
○ 3mm クリスタルクリーム　#5810
● スワロフスキーローズモンテ
⬡ 3mm クリスタル　#5328
○ 丸小ビーズ　金色 TOHO 557

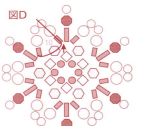

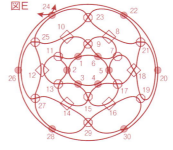

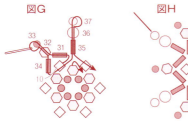

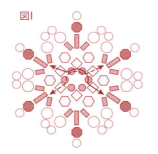

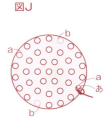

ブレスレット

材料
- スワロフスキーエレメント #5328 3mm クリスタル／36個 #5328 4mmホワイトオパール／18個
- スワロフスキーパール #5810 3mmホワイト／18個 #5810 6mmイラデサントダブグレー／4個
- 丸小ビーズ 銀色TOHO 21／18個
- 特小ビーズ 銀色TOHO 21／108個
- 竹ビーズ 1分銀色TOHO 21／18個 2分／36個
- メタルビーズシルバー 3mm／8個
- 引き輪 シルバー／1個 アジャスターシルバー／1個 丸カン シルバー／1個

作り方
1 テグス60cmで図Aのように編みます。テグスをいったん処理します。
2 ワイヤー50cmを図Bのように通し入れ、図Cのように飾りを編み、ぐるりと編みます（図D）。ワイヤーをカットして処理します。同じものをあと2つ作ります。
3 アーティスティックワイヤー8cmにメタルビーズ、パール、メタルビーズを通し、めがね留めしながらつなぎます。

流れ星のシンプルネックレス photo P.14

材料
- スワロフスキーエレメント #6715 14mmクリスタルAB／3個 #4745 10mmクリスタルF／4個 10mmクリスタルゴールデンシャドウF／1個 #4745 5mmクリスタルゴールデンシャドウF／6個
- 石座 #4745用ゴールド 10mm／5個 5mm／6個
- メタルスティック石つき2カン クリスタルG18mm／1個 32mm／4個
- チェーン ゴールド／19cm×2
- アジャスター／1個 引き輪／1個 丸カン ゴールド／6個
- アーティスティックワイヤー ゴールド26号／6cm×5
- メタルプレート月 ゴールド 17×66mm／1個
- 接着剤

作り方
1 10mm、5mmのスワロフスキークリスタルF、ゴールデンシャドウをすべて石座にはめて、爪を倒し（対角線上に倒していく）セットします。図Cのように接着剤で貼りつけます。
2 メタルスティックに図A、Bの要領でクリスタルABを6cmのアーティスティックワイヤーでめがね留めしていきます。18mmを1本、32mmを2本作ります。
3 2で作ったパーツを図Cのように6cmのワイヤーでつなげます。左側は2本一緒につけます。
4 図Dのようにチェーンをつなげます。

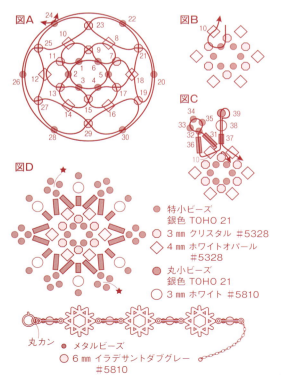

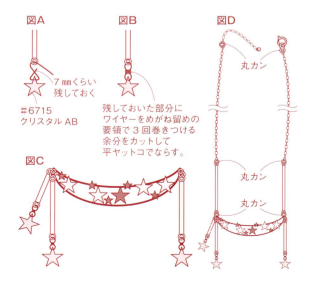

アジサイのブローチとカタツムリ　photo P.15

ブローチ

材料
ブルー
- スワロフスキーエレメント　#5328　4mmアクアマリン／42個　#6428　6mmバイオレット／24個
- ドロップビーズ　3.4mmクリスタルAB／16個
- 丸小ビーズ　水色TOHO 3／84個　紫TOHO 1300／48個
- 特小ビーズ　紺色TOHO 347／32個
- ブローチ台　スカシ花六弁シルバー／1個
- スカシパーツ　花六弁29mmシルバー／1個　葉マットシルバーNo.L1／1個
- ワイヤー　34号シルバー／40cm×11／100cm×1

※色違いのピンクやグリーンは、スワロフスキーエレメントのバイオレット・ローズ、クリソライトオパール・クリスタルABを使い、丸小ビーズはピンク、透明を使っています。

作り方
1. ワイヤー100cmで図Aのように土台部分を編みます。ワイヤーはまだ処理しません。
2. ワイヤー40cmで図Bを6個、図Cを4個作ります。ワイヤーはまだ処理しません。
3. 図Dのようにお花を土台に接続します。ワイヤーは少しねじって目立たないようにカットします。図Eのようになります。
4. スカシパーツ花六弁に図Fのように葉っぱを取りつけます。ワイヤー40cmで図のように2、3回巻きつけた後、少しねじって余分をカットします。葉っぱ上部とワイヤーの先端は接着剤で接着します。
5. スカシパーツ花六弁とブローチ台を重ね、図Gのようにワイヤーで取りつけます。ワイヤーを処理します。

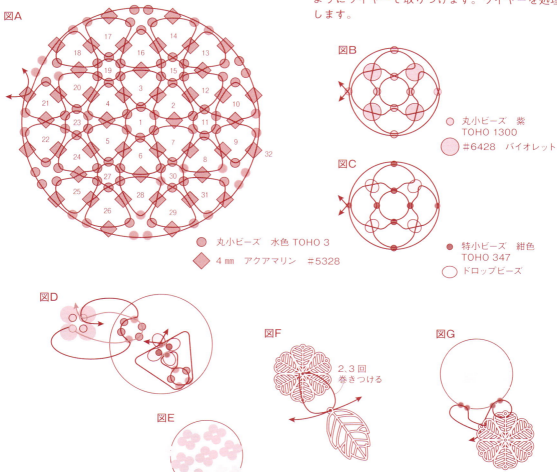

カタツムリ

材料

ブルー
- スワロフスキーエレメント　#5328　4mmライトサファイア／30個　3mmブラックダイヤ／36個
- ヘマタイト　2mm／4個
- 丸小ビーズ　青紫TOHO 168／60個
- 特小ビーズ　グレーTOHO 49／12個
- テグス／100cm×1／60cm×1
- ワイヤー　34号シルバー／50cm×1

黄色
- スワロフスキーエレメント　#5328　5mmジョンキル／30個　#5328　4mmライトコロラドトパーズ／36個　#5000　3mmジェット／2個　4mmトパーズ／2個
- 丸小ビーズ　黄色TOHO 142／60個
- 特小ビーズ　茶TOHO 103／12個
- テグス／100cm×1／60cm×1
- ワイヤー　34号ゴールド／50cm×1

作り方

1　テグス100cmで図Aのように編みます。テグスはまだ処理しません。

2　左右のテグスを79、80に通し、図B～Dのように後ろの部分を編みます。テグスを処理します。反対側も同様に作ります（127、128）。

3　新たなテグス60cmを8に通し入れ、前の部分を図E、Fのように編みます。テグスを処理します。

4　ワイヤー50cmを116に通します。図Gのように編みます。ワイヤーを処理します。

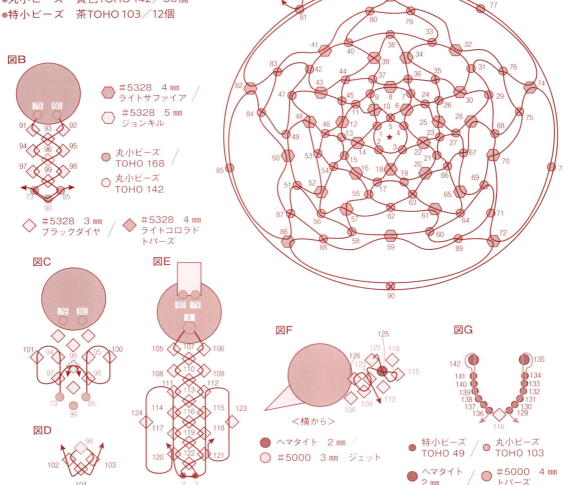

流れ星のピアスとリボンのイヤリング photo P.18

リボンのイヤリング

材料（入っているもの）
- スワロフスキーエレメント ＃5328 3mmジェット／60個
- スワロフスキーパール ＃5810 5mmライトグレー／2個 ＃5840 8mmモーブまたはロザリン／2個
- ラインストーン 3mmジェット／2個
- チェコガラスビーズ 花／2個
- 唐草パール 3mmゴールド／4個
- 特小ビーズ 黒TOHO 49／32個
- イヤリング金具 シャワー10mmゴールド／1セット
- アーティスティックワイヤー 28号／120cm×2

作り方
1. アーティスティックワイヤーの端を50cm残して、図Aのようにビーズをシャワー台に取りつけます。
2. 図Bのように左右のワイヤーを左側の2つの穴から出し、図Cのように3mmジェットで交差させます。
3. 引き続き図Dのように編みます。反対側も同様に編みます。図Eのように左右のワイヤーを出します。
4. 図Fのようにリボンの下部分を編みます。ワイヤーは最後ねじって余分をカットし、裏側に接着剤をつけて固定します。シャワー台をイヤリングの土台につけます。
5. もう片方も同様に作りますが、石のつけ方は左右対称になるようにつけます（図G参照）。

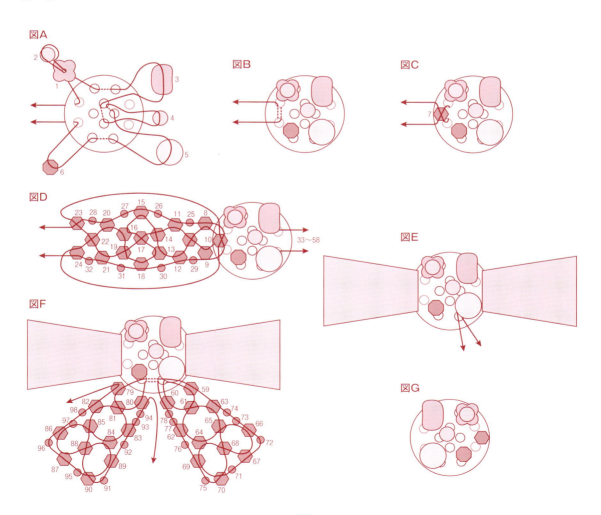

流れ星のピアス

材料
- スワロフスキーエレメント　#4745　5mm　クリスタルF／6個
- #4745用石座　ゴールド　5mm／6個
- 竹ビーズ　黒TOHO 49　2分／2個　3分／2個　4分／2個　5分／2個
- 特小ビーズ　金色TOHO 557／8個
- コットンパール　10mmゴールド／2個
- ピアス金具　皿つきゴールド／1セット
- アーティスティックワイヤー28号／80cm×2
- 接着剤

作り方
1. 星の形のスワロフスキーをすべて石座にセットします。
2. アーティスティックワイヤーで図A、Bのように編みます。余分はカットします。
3. 左右対称になるようにもう片方も作ります。ピアスの皿部分にコットンパールを接着します。

流れ星のイヤリング

材料
- スワロフスキーエレメント　#5328　3mmダークサファイア／2個　4mmホワイトオパール／2個　#4745 10mmクリスタルF／2個
- スワロフスキーパール　#5810　クリスタルクリーム4mm／2個　6mm／2個　5mmイラデサントグリーン／2個
- #4745用石座　ゴールド10mm／2個
- 樹脂パール　ゴールド3mm／2個
- メタルスティック石つき／2カン　クリスタルG18mm／2個
- Tピンゴールド／2本　丸カン　ゴールド／2個
- イヤリング金具ネジバネ丸皿　ゴールド／1ペア
- スカシパーツ　花8弁10mmゴールド／2枚
- アーティスティックワイヤー／80cm×2
- ワイヤー　34号ゴールド／50cm×9

作り方
1. 星形スワロフスキーを石座にセットし、アーティスティックワイヤーで図Aのようにスカシパーツに取りつけます。図Bのようにそれ以外のビーズを取りつけます。ワイヤーを処理します。
2. スカシパーツに丸カンをつけ、図Cのようにメタルスティックを取りつけます。メタルスティックの下側に、Tピンにパーツをつけ先を丸めたものをつけます。
3. 図Cをイヤリングパーツに貼りつけます。同じものをもうひとつ作ります。

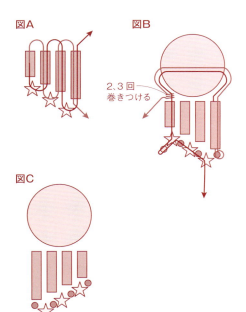

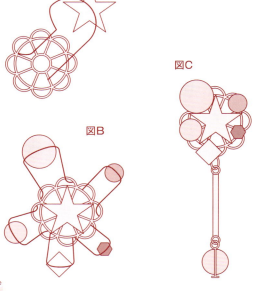

ペイズリー形のパッチン留め photo p.19

材料
ゴールド ※（ ）内はシルバー
- スワロフスキーパール #5810 パウダーアーモンド(ライトグレー) 5mm/5個 3mm/6個
- スワロフスキージルコニア クリスタル 4mm/2個 3mm/2個
- スカシパーツ花8弁 10mmゴールド（またはシルバー）/1個
- 丸カン ゴールド(シルバー)/2個
- Tピン ゴールド(シルバー)/2本
- 竹ビーズ 1分ゴールドTOHO 22(シルバーTOHO 21)/16個 2分ゴールド(シルバー)/約65本
- 丸小ビーズ 金TOHO 557(銀TOHO 558)/約369個
- メタルスティック 石付/2カン クリスタルG(S)43mm/1個 32mm/1個
- ウルトラスエード クリーム(グレー)またはフェルト/1枚
- ヘア金具スリーピン ニッケル/50mm
- 針 糸 接着剤

作り方
1. ウルトラスエードまたはフェルトにペイズリーの形を2つ描き写します(p.79参照)。(型：表紙⑧)
2. 金の丸小ビーズを図Aのようにぐるりと1周刺しゅうします(約236個)。
3. スカシパーツを接着し、図Bのように丸小金で刺しゅうします(約32個)。
4. 引き続き図Cのように竹ビーズ1分と丸小金(5個)を刺しゅうします。
5. 引き続き図Dのようにジルコニア、パールビーズを刺しゅうします。
6. 引き続き図Eのように竹ビーズ1分、2分を刺しゅうします。
7. 引き続き竹ビーズ2分とパールビーズ3mmを刺しゅうします。(図F：この部分は特に決まりはありません。お好きに埋めてください)。布を切り出します。
8. 刺しゅうの裏面に丸カンをつけます。
9. もう片方の布の裏面にパッチンを縫いつけ、ひっくり返して、刺しゅう面をボンドで貼りつけ、乾いたら切り出します。
10. かがり縫いパターンB(p.50参照)で太線部分をかがります(丸小金約64個)。
11. 図Iのように飾りを丸小でつけます。全部で8つ作ります。
12. 図Jのようにメタルパーツをつけます。

図A

図B

図C

スカシパーツ
- 5mm パウダーアーモンド #5810
- 3mm パウダーアーモンド #5810
- 4mm ジルコニアクリスタル
- 3mm ジルコニアクリスタル

図D

図E

図I

図J

図F

図G

図H

色違いのイチゴのネックレス photo P.20

🌸 ママ

材料
- スワロフスキーエレメント　#5328　ビンテージローズ　3mm／30個　4mm／30個
- アクリル玉　10mm／1個
- 丸小ビーズ　緑TOHO 995／78個　ピンクTOHO 11／37個　ゴールドTOHO 557／12個
- 特小ビーズ　ゴールドTOHO 557／9個　ピンクTOHO 11／57個
- バチカン　ゴールド／1個　チェーン　ゴールド／52cm
- アジャスター／1個　引き輪／1個　丸カン　ゴールド／2個
- テグス／100cm×1
- ワイヤー　34号ゴールド／60cm×1
- アーティスティックワイヤー　26号ゴールド／40cm

作り方

1 テグス100cmで図Aのように編みます。編み終える前に、アーティスティックワイヤー40cmに丸小、アクリル玉を図Bのように通したものを、★の穴に差し込みます。アクリル玉を入れたら、図Cのように底の部分を編んで閉じます。テグスを処理します。

2 ワイヤー34号60cmで図Dのようにへたを編みます。ワイヤーを処理します。

3 1で差し込んだアクリル玉から出ているアーティスティックワイヤーをめがね留めで輪にします。余ったワイヤーは切って処理します。

4 バチカンを取りつけ、チェーンを通し、チェーンの先には丸カンでアジャスターと引き輪をつなぎます（図E）。

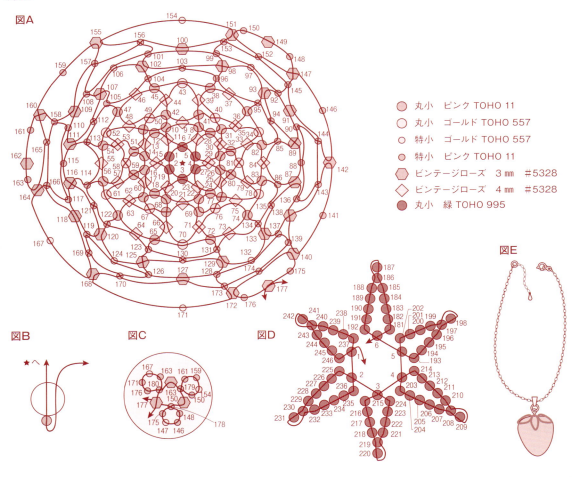

- ● 丸小　ピンク TOHO 11
- ○ 丸小　ゴールド TOHO 557
- ○ 特小　ゴールド TOHO 557
- ● 特小　ピンク TOHO 11
- ⬡ ビンテージローズ　3mm　#5328
- ◇ ビンテージローズ　4mm　#5328
- ● 丸小　緑 TOHO 995

子ども

図A

ママの図Aと同じで
ビーズは変更

- ● 丸小　赤 TOHO 5C
- ○ 丸小　アイボリー TOHO 123
- ○ 特小　アイボリー TOHO 123
- ● 特小　赤 TOHO 5C
- ⬡ ライトシャム　3mm　#5328
- ◇ ライトシャム　4mm　#5328
- ● 丸小　緑 TOHO 7B

図C

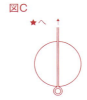

図D

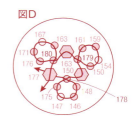

図B

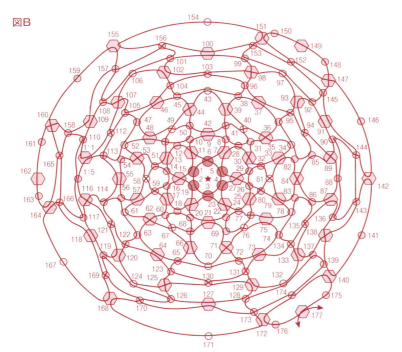

- ○ 特小　アイボリー TOHO 123
- ● 特小　赤 TOHO 5C
- ⬡ ライトシャム　3mm　#5328
- ● 丸小　緑 TOHO 7B

図E

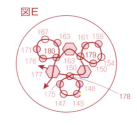

図F

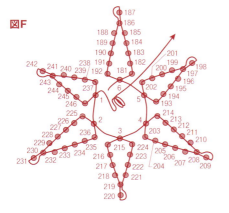

図G

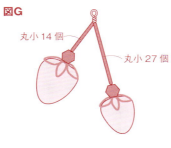

丸小 14 個　　丸小 27 個

図N

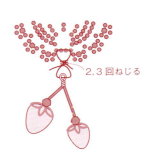

2、3回ねじる

page 71

子ども

材料

- スワロフスキーエレメント #5328 3mmライトシャム／100個 3mmファーングリーン／20個 4mmライトシャム／30個
- スワロフスキーパール #5810 6mmクリスタルクリーム／7個
- アクリル玉 10mm／2個
- 丸小ビーズ 緑TOHO 7B／119個 赤TOHO 5C／36個 アイボリーTOHO 123／12個
- 特小ビーズ 赤TOHO 5C／150個 アイボリーTOHO 123／30個 緑TOHO 7B／244個
- チェーン ゴールド／10.5cm×2 ／3.5cm×6
- アジャスターG／1個 引き輪G／1個
- 丸カン ゴールド／2個 9ピン ゴールド／7本
- テグス／100cm×2
- ワイヤー 34号ゴールド／50cm×2 ／100cm×1
- アーティスティックワイヤー 26号ゴールド／20cm×2 ／8cm×1

作り方

1. 新たなテグス100cmで図A、図Bのように大小の2つのイチゴを編みます。全部編み終える前に、アーティスティックワイヤー20cmの先を二重に丸め、アクリル玉を図Cのように通したものを★の穴に差し込みます。アクリル玉を入れたら、図D、図Eのように底の部分を編んで閉じます。テグスを処理します。
2. 6の丸小に新たなワイヤー50cmを通し入れます。大小2つのへたを作ります。大は丸小で、小は特小で作ります。ワイヤーを処理します。
3. 2つのイチゴを図Gのように、片側のワイヤーにもう一方のワイヤーを巻きつけるようにしてめがね留めをします。ワイヤーを処理します。
4. ワイヤー100cmで葉を作ります。ワイヤーを7cmほど残したところに、もう片方のワイヤーを約10cmの輪にして2、3回ねじります。短いほうのワイヤーに特小7個を入れて、落ちないように支えながら図H〜Mのように作ります。
5. 新たなアーティスティックワイヤー8cmで図Nのように葉を取りつけます。余分はカットします。
6. 9ピンで図Oを4つ、図Pを3つ作ります。
7. 図Qのようにつなげます。

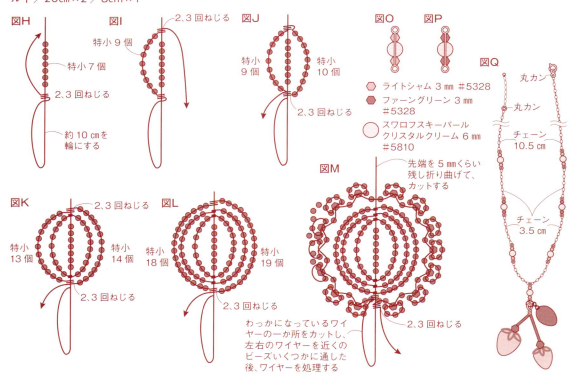

小鳥のふわふわイヤリング　photo P.22

材料
グリーン　※（ ）内は（ブルー・黄色）
- スワロフスキーエレメント　#5328　3mmペリドット（アクアマリン・ライトトパーズ）／118個　マジェスティックブルー（ライトエメラルド・アメジスト）／6個　4mmシトリン（シトリン・トパーズ）／2個　#5810　6mmクリーム（クリーム・ライトブルー）／2個
- 丸大ビーズ　黒TOHO 49／4個（共通）
- 特小ビーズ　黄緑TOHO 4（水色・黄色）／16個
- アクリル玉　8mm／2個（共通）
- 9ピン　ゴールド／4本（共通）
- イヤリング金具　ゴールド／2個（共通）
- ファー　オレンジ（ホワイト・ブルー）／2個
- テグス／80cm× 2（共通）

作り方
1. テグス80cmで図Aのように編みます。完全に閉じる前に図Bを入れます(★の穴に通します。)
2. 引き続き図C、Dのように編みます。テグスを処理します。頭のてっぺんから出ているピンの先を丸めます。同じものをもうひとつ作ります。
3. 図Eのようにつなぎます。

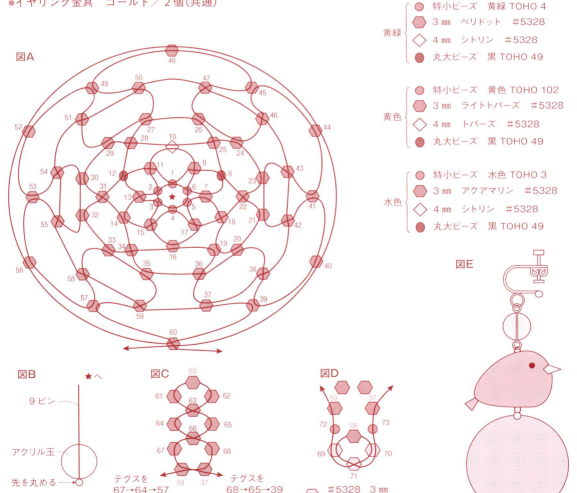

秋の実の仲よしブレスレット　photo P.23

材料　※（ ）内は色違い。表示なしは共通
- スワロフスキーエレメント　#5328　3mmライトシャム（ライトトパーズ）／30個　#5000　8mmオリビン／1個　ライトスモークトパーズ（クリスタルゴールデンシャドウ）／1個　10mmオリビン／1個　デニムブルー（トパーズ）／1個
- アクリル玉　8mm／3個　ドロップビーズ　茶色（赤色）／30個　黄色（紫色）／30個
- コットンパール　ゴールド10mm／2個
- 特小ビーズ　赤TOHO 5C／60個　茶TOHO 941（紫TOHO 6）／60個　黄TOHO 12／60個
- マンテル　リーフ／1セット
- 丸カン　ゴールド／2個　テグス／70cm×3
- アーティスティックワイヤー　28号ゴールド／7cm×9

作り方
1. テグス70cmで図Aのように編みます。閉じる前に図Bを入れ、ワイヤーの先を★の穴から出しておきます。テグスを処理します。
2. 図Cのようになります。同様に図Aの編み方でドロップビーズ黄色×特小黄色、ドロップビーズ茶色×特小茶色でもボールを作ります。3種類できます（この段階ではまだ片方のワイヤーはのびたままです）。ドロップビーズが裏返らないように気をつけながら、編みましょう。
3. 図Dのようにめがね留めをしながら、端から順番につなげていきます。

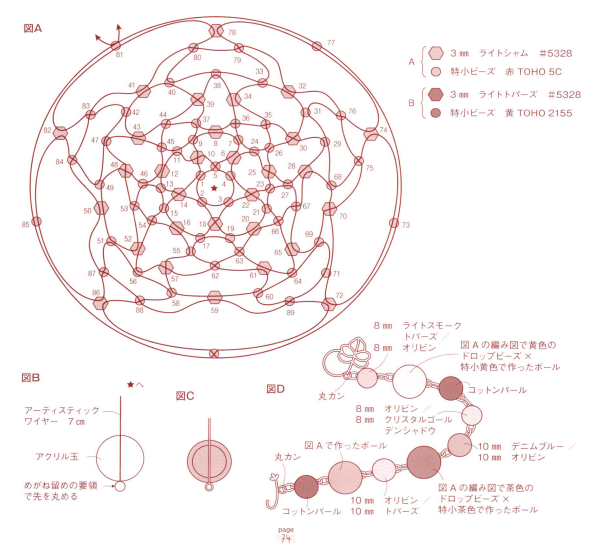

ブドウとマスカットのネックレス photo p.26

ママ

材料
- スワロフスキーエレメント　#5328　3mmアメジスト／60個　パープルベルベット／60個　3mmクリスタルライラックシャドウ／30個　#5000　8mmタンザナイト／2個　アメジスト／2個
- スワロフスキーパール　#5810　8mmモーブ／3個　6mmイラデサントパープル／2個　6mmモーブ／1個
- アクリル玉　8mm／8個
- 丸小ビーズ　薄紫TOHO 26／160個　薄紫TOHO 988／80個
- 特小ビーズ　薄紫TOHO 115／240個　薄紫TOHO 203／60個
- スカシパーツ　葉マットシルバー／1個　チェーン L&S112BF ロジウム／約4.5cm
- Cカン　シルバー／1個　Tピン　シルバー／18本
- テグス／100cm×5　ワイヤー　34号シルバー／60cm×3　平革ひも　黒／お好みの長さで

作り方
1. テグス100cmで図Aのように編みます。閉じる前に図Bを入れ、ワイヤーの先を★の穴から出しておきます。テグスを処理します。アメジスト×特小ビーズで2個、パープルベルベット×特小ビーズで2個、クリスタルライラックシャドウ×特小ビーズで1個、合計5個作ります。
2. ボールを作ります。ワイヤー60cmをアクリル玉8mmに通します。ワイヤーに丸小ビーズ8個を通し、ワイヤーをアクリル玉に戻し入れます（図C）。これを全部で10回くり返します。ワイヤーを処理してTピンを通し先を丸めます（図D）。丸小ビーズで2個と、色を変えて1個、合計3個作ります。
3. 図Eのように組み立てます。

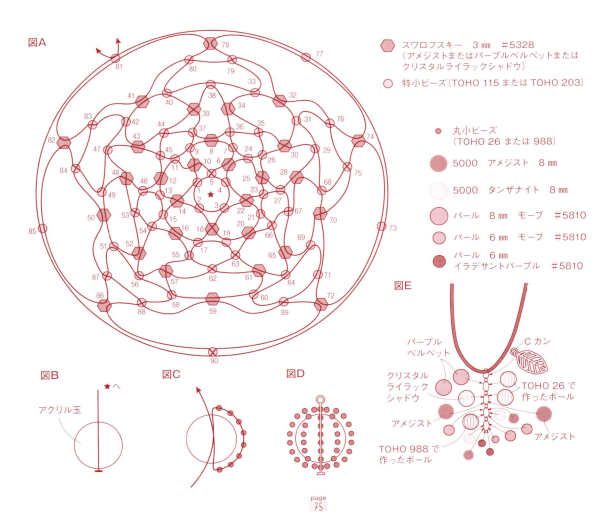

子ども

材料
- スワロフスキーエレメント　#5328　3mmペリドット／60個　3mmライトエメラルド／30個　3mmパシフィックオパール／30個　#5000　8mmクリソライト／2個　パレスグリーンオパール／1個
- スワロフスキーパール　#5810　イラデサントグリーン8mm／1個　スカラベグリーン／1個　6mmイラデサントグリーン　2個
- 丸小ビーズ　緑系TOHO 72／80個　緑系TOHO 4／80個
- 特小ビーズ　緑系TOHO 4／120個　緑系TOHO 72／60個　緑系TOHO 920／60個
- スカシパーツ　リーフ約24×13mmゴールド／1個　●チェーンL&S112BF　ゴールド／約4cm
- Cカン　ゴールド／1個　Tピン　ゴールド／13本
- アクリル玉　8mm／6個
- テグス／100cm×4　ワイヤー　34号ゴールド／60cm×2
- 平革ひも　茶／お好みの長さで

作り方

1 テグス100cmで、図Aのように編みます。閉じる前に図Bを入れ、ワイヤーの先を★の穴から出しておきます。テグスを処理します。ペリドット×特小ビーズで2個、ライトエメラルド×特小ビーズで1個、パシフィックオパール×特小ビーズで1個、合計4個作ります。

2 ボールを作ります。ワイヤー60cmをアクリル玉8mmに通します。ワイヤーに丸小ビーズ8個を通し、ワイヤーをアクリル玉に戻し入れます（図C）。これを全部で10回くり返します。ワイヤーを処理してTピンを通し先を丸めます（図D）。丸小ビーズの色を変えて合計2個作ります。

3 図Eのように組み立てます。

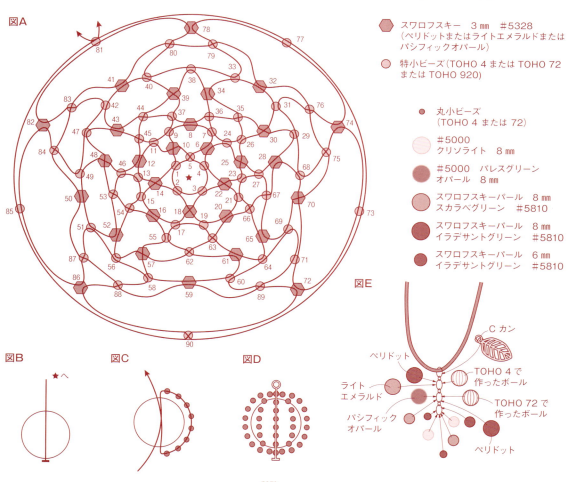

チョウチョのブローチとリング photo P.28

ママ

材料
- スワロフスキーパール　#5810　3mmクリスタルパウダーローズ／11個
- スワロフスキークリスタル　#4320　14×10mmクリスタルF／1個　#5000　4mmインディゴライト／2個
- 石座　#4320用　14×10mm用シルバー／1個
- 丸小ビーズ　ブロンズTOHO 221／約138個　白TOHO 121／約100個
- 丸小ビーズ　ターコイズTOHO 43D／約130個
- 特小ビーズ　白TOHO 121／約16個
- ウルトラスエード　青色またはフェルト／1枚
- 針　糸
- ブローチ金具回転ピン 35mmゴールド／1個
- アーティスティックワイヤー　28号ブロンズ／40cm
- 接着剤

作り方
1. ウルトラスエードまたはフェルトにチョウチョの形を2つ描き写します（p.79参照）。（型：表紙⑨）
2. 丸の部分を残してぐるりと1周丸小ブロンズで刺しゅうします（約100個）。
3. 続いて、スワロフスキーパール、石座にセットしたスワロフスキーを図Bのように刺しゅうします。
4. 引き続き図Cのように丸小ブロンズで模様を刺しゅうします。
5. 上半分を丸小ターコイズで、下半分を丸小+特小白で埋めるように刺しゅうし、切り出します（図D）。
6. もう片方のチョウチョの裏面にブローチ金具を縫いつけます。切り出した刺しゅう面を貼りつけ、下布も切り出します。
7. アーティスティックワイヤー28号40cmを図Eのように通し、触覚を作ります。余分をカットします。

図A

図B

図C

図D

図E
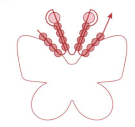

子ども

材料
- スワロフスキーエレメント #5328 3mmカリビアンオパール／22個 3mmスモークトパーズ／5個 スワロフスキーパール #5810 3mmブロンズ／16個 #6000 11×5.5mmタンザナイト／2個
- 特小ビーズ 紺色TOHO 189／36個 茶色TOHO 114／104個
- テグス 2号／100cm ワイヤー 34号ゴールド／100cm

作り方
1. ワイヤー100cmで図A、Bのようにチョウチョ本体を編みます。ワイヤーを処理します。
2. テグス100cmを30に通し、図Cのように編みます。長さは指の大きさに合わせます(本書ではパール14個分)。テグスを処理します。

ターコイズブルーのバレッタ photo P.28

材料
- スワロフスキーエレメント #4228 10×5mmクリスタルアズールブルー／4個 クリスタルアイボリークリーム／3個
- スワロフスキーパール #5810 4mmクリスタルクリーム／12個
- 石座 #4228用 10×5mm用シルバー／7個
- 安口バレッタ ニッケル60mm／1個
- アーティスティックワイヤー 26号シルバー／80cm

作り方
1. スワロフスキーをすべて石座にセットします。
2. アーティスティックワイヤーを図Aのように通し入れた後、図Bのように通し入れます。
3. 引き続き図Cのように編み、最後のワイヤーを穴の中に入れるように引っ掛けます。
4. 引き続き図Dのように通します。点線は裏側で交差するワイヤーです。最後のワイヤーを2、3回巻きつけて、余分をカットして平ペンチでならします。

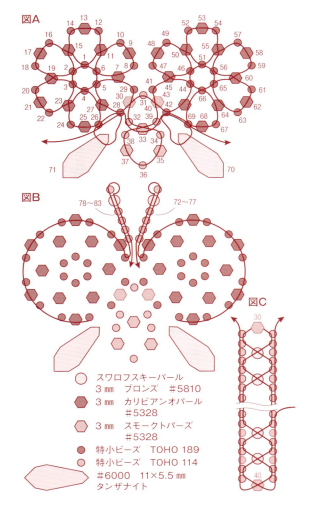

図A

図B

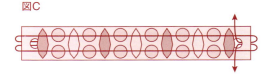
図C

図D

本書のビーズワーク、ビーズ刺しゅうでの注意点

注意点
- ビーズは水濡れや湿気、摩擦などにより色落ちする場合があります。割れる場合もありますので、ご注意ください。

編み図の説明
- 矢印はテグスを通す方向です。
- 図の中のテグスは分かりやすいようにゆるませて図解しています。実際はゆるませずに作ってください。

編み図の中の用語の説明
- 「ビーズを通す」→ ビーズの穴にテグスを通すことです。
- 「交差する」→ ビーズの穴に2本のテグスを互いに逆の穴から通すことです。
- 「ビーズを拾う、通し入れる」→ 新しいビーズを通さずに、すでに通したビーズにテグスを通すことです。

テグスの結び止め処理について
- ほどけないように2回かた結びした後、余ったテグスは周辺のビーズの穴に通してカットしてください。結び止めに、乾いたら透明になる接着剤を少しつけておくと、ほどけにくくなり、より安心です。

ビーズ刺しゅうの基本事項

1. ウルトラスエードまたはフェルトに、刺しゅうする形の型(輪郭)を2つ描き写します。片方に刺しゅうをして切り出し、片方にはブローチ金具などを縫いつけます。

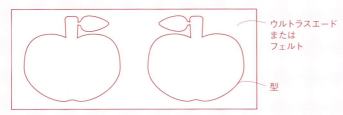
ウルトラスエードまたはフェルト
型

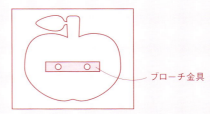
ブローチ金具

2. ヘアゴムの場合は、刺しゅうしていないほうの裏に切り込みを入れます。刺しゅうした裏にゴムパーツをボンドで貼り、切り込みを入れたフェルトを貼り、切り込みからゴムを出します。

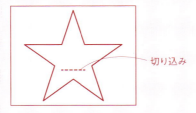
切り込み

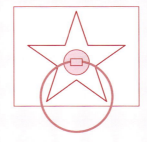

ちば のぶよ
NOBUYO CHIBA

2001年より創作活動を始める。結婚後、アメリカに移住。
全国百貨店での展示販売や日、米、中での著書の出版、
アメリカや中国、韓国での雑誌掲載など、活動は多岐にわたる。
花、果物、小動物などをモチーフにした、
リアルだけどかわいい作風が人気。ラスベガス在住。

http://instagram.com/thebeadsland

撮影	蜂巣文香
スタイリング	曲田有子
ブックデザイン	前原香織
モデル	大里菜桜　Airi.K
企画・編集(p.1-28)	秋間三枝子
トレース	株式会社ウエイド 手芸制作部 （松本菜央、新井もも恵）
校閲	校正舎楷の木
編集(p.29-80)	大野雅代（クリエイトONO）
進行	鏑木香緒里
Special thanks	久保瑞恵 (p.17 ミニバッグ本体製作)

［この本でご協力いただいた会社］

トーホー株式会社
〒733-0003　広島県広島市西区三篠町2-19-19
TEL.082-237-5151（代）　FAX.082-238-0032
http://www.toho-beads.co.jp/

貴和製作所
〒111-0053　東京都台東区浅草橋2-1-10
貴和製作所本店ビル1F-4F
TEL.03-3863-5111　FAX.03-3865-7159
http://www.kiwaseisakujo.jp/shop/

※商品番号は、トーホービーズは「TOHO××」、
貴和製作所のスワロフスキーは「#×××××」、
デリカビーズは「DB××」で表示しています。

［撮影協力］

UTUWA
〒151-0051　東京都渋谷区千駄ケ谷3-50-11
明星ビルディング1F
TEL.03-6447-0070　FAX.03-6447-0071

ビーズで作るおめかしアクセサリー

平成31年3月1日 初版第1刷発行

著者	ちばのぶよ
発行者	穂谷竹俊
発行所	株式会社日東書院本社 〒160-0022 東京都新宿区新宿2丁目15番14号 辰巳ビル TEL. 03-5360-7522（代表） FAX. 03-5360-8951（販売部） 振替 00180-0-705733 URL http://www.TG-NET.co.jp
印刷	三共グラフィック株式会社
製本	株式会社宮本製本所

本書の無断複写複製（コピー）は、著作権法上での例外を除き、
著作者、出版社の権利侵害となります。
乱丁・落丁はお取り替えいたします。小社販売部までご連絡ください。

©Nobuyo chiba 2019,Printed in Japan
ISBN 978-4-528-02220-1 C2077

［読者の皆様へ］
本書の内容に関するお問い合わせは、
お手紙または
FAX.（03-5360-8047）
メール(info@TG-NET.co.jp)にて承ります。
恐縮ですが、電話でのお問い合わせはご遠慮ください。
『ビーズで作るおめかしアクセサリー』編集部

＊本書に掲載している作品の複製・販売はご遠慮ください。